고수의
글쓰기

30년 글쓰기 전문가가 알려 주는
글센스를 높이는 비법

고수의 글쓰기

이가령 지음

들어가며

우리의 글쓰기에는
특별한 것이 있다

나는 기계가 인간처럼 생각하는 것을 걱정하지 않는다.
내가 걱정하는 것은 인간이 기계처럼 생각하는 것이다.

_팀 쿡, 애플 CEO

    2022년 11월, 챗GPT(ChatGPT)가 세상에 처음 등장했다. 사람들은 신기하면서도 혼란스러워했다. 챗GPT의 능력은 빠르게 발전했고, 많은 사람이 AI의 도움으로 서류를 작성하고 과제를 제출하기 시작했다. 일반적이고 보편적인 생각만 담는 글쓰기는 이제 인공지능을 이기기 어려운 시대가 되었다.

    이런 흐름 속에서 '인간의 역할은 끝난 것인가?'라는 질문이 자연스럽게 떠오른다. 그러나 여전히 많은 전문가가 인간에게 인공지능이 넘볼 수 없는 고유한 강점이 있다고 강조한다. 그 핵심은 바로 인간이 지닌 '독창성'과 '창의성'이다.

    그렇다면 창의성과 독창성은 글쓰기에 어떻게 적용할 수 있을까? 창의적 글쓰기의 핵심은 '자기 체험을 바탕으로 한 글쓰기'에서 찾을 수 있다. 인공지능은 주어진 데이터를 처리하고 결합하는 방식으로 글을 생성하지만, 사람만이 쓸 수 있는 글은 개인의 고유한 경험에서 비롯된다.

예를 들어, 우리가 일상 속에서 겪은 작은 사건들, 여행에서 느낀 감정, 실패와 성공을 통해 배운 깨달음은 모두 각자 다르다. 이러한 개인적인 체험에서 비롯된 이야기는 고유한 감정과 관점을 담고 있으며, 그 자체로 독창적인 가치가 있다. 다음 글을 보자.

민들레 밥상

일요일, 민들레를 캤다. 비닐봉지가 불룩할 정도로 많이 캤다. 갓 뜯은 민들레를 정성 들여 씻었다. 박박 솔로 문질러 씻고 헹구고 또 헹군다. 식초를 떨어뜨린 찬물에 민들레가 잠기도록 담가 두었다가 30분이 지난 후 물기 제거용 샐러드 통에 넣어 돌리니, 민들레는 초록색 이파리를 날개처럼 들고 살아나 있다. 초고추장 양념으로 민들레를 무쳤다. 민들레는 맛이 쌉싸름하다. 아, 이 맛이구나. 올봄은 민들레에 맛 들인 새로운 봄이 되었다.

이처럼 봄에 대해 쓰고 싶다면 그에 얽힌 기억과 감정을 모아서 쓰고, 사랑에 대해 쓰고 싶다면 사랑을 직접 설명하는 것보다는 사랑하는 이와의 일상, 걸었던 길, 함께 나눈 대화를 풀어야 한다. 감정은 직접적으로 전달되지 않기 때문이다. 예를 들어, "제가 오늘 건강검진에서 종양이 물혹이라는 판정을 받았습니다. 암이 아니래요."와 같이 표현하면 '기쁘다'라는 말을 직접 하지 않아도 기쁨을 전할 수 있다.

마찬가지로 글을 쓸 때는 내 생각을 먼저 전달하려고 하지 말고 우선 자기 체험을 꼼꼼히 적어야 한다. 체험이 담긴 글은 읽는 이를 더욱 생생한 경험으로 이끈다. 글쓴이의 체험을 통해 독자는 특정 상황을 간접적으로 체험하며, 글 속 감정과 메시지를 깊이 이해하고 공감할 수 있다.

예를 들어 봄날에 겪은 한순간, 즉 그때 본 꽃, 함께한 사람, 느낀 공기의 냄새 같은 구체적인 요소들은 독자가 그 장면을 생생하게 상상하도록 한다. 이런 세밀한 묘사는 감정을 직접적으로 표현하지 않아도 자연스럽게 감정을 느끼게 하는 힘을 지닌다.

창의적인 글쓰기는 단순한 경험의 나열이 아니라, 그 경험을 재해석하고 확장하는 과정이다. 여행기를 쓸 때도 어디에 가서 무엇을 보았는지를 기록하는 것도 좋지만, 그 보다는 여행이 가져온 삶의 변화나 새로운 인식을 담아야 한다. 경험이 개인의 삶에 미친 영향을 풀어내면, 글은 더욱 깊이 있는 의미를 가진다. 이렇게 체험을 바탕으로 한 글쓰기는 읽는 사람들에게 감정적으로 다가가고, 독창적인 시각을 제시함으로써 인공지능이 생성한 기계적인 글과 차별화된다. 이것이 우리가 글을 써야 하는 이유다.

··◆··

이 책에는 당신의 창의적 글쓰기를 도울 나만의 30년 노하우를 압축하여 담았다. 에세이뿐만이 아니라 소설, 칼럼, 블로그 등등 분야를 가리지 않고 모든 글쓰기에 활용할 수 있는 알짜배기 글쓰기 매뉴얼이라고 자부한다.

제1강 〈우리는 왜 글을 잘 쓰고 싶은가〉에서는 고수의 남다른 글감 찾기 전략을 알려준다. 글쓰기는 우리 삶에서 어떤 의미가 있는지, 어떤 이야기들이 좋은 글이 되는지, 좋은 글을 쓰기 위한 태도는 무엇인지 알려주며 포문을 연다.

제2강 〈나의 삶은 어떻게 글이 되는가〉에서는 글 전체의 서사력을 키우는 법을 설명한다. 나의 평범한 일상에 어떤 옷을 입혀 매력적으로 보이게 할 것인지, 이렇게 하기 위해서 우리가 길러야 하는 실력은 어떤 것들인지, 글을 '잘' 써야만 한다는 두려움은 어떻게 떨칠 것인가에 대해 이야기한다.

제3강 〈마음을 울리는 글은 무엇이 다른가〉에서는 표현력을 완성하는 법을 이야기한다. 남들이 '좋은 글'이라 일컫는 글의 표현은 무엇이 다른지, 글을 잘 꾸미기 위한 능력에는 어떤 것들이 있는지, 그리고 그 꾸밈 능력을 잘 활용하게 도울 유용한 비법을 설명한다. 쓰는 데 그치지 않고, 꾸미고 고쳐 완성된 글에 한 걸음 더 가깝게 다가가게 도울 것이다.

제4강 〈노련한 단어 사용이 글의 품격을 바꾼다〉에서는 어휘력을 늘리는 법을 알려 준다. 어휘력 부족의 문제가 심각하게 대두되는 요즘 시기에 어휘력은 어떻게 늘리면 되는지, 이미 가진 어휘들은 어떻게 활용하는 게 좋은지, 나아가 시대에 따라 바뀌어 가는 어휘의 쓸모에 관해서까지 이야기한다.

제5강 〈글쓰기는 삶을 대하는 태도다〉에는 글 속에 나만의 철학을 녹이는 비법을 담았다. 첫 술에 배부를 수 없다는 속담처럼, 우리가 글을 쓸 때 어떤 부분에서 자신감을 가지고, 어떤 부분에서 기대감을 버려야 하는지 차근차근 설명한다. 내 삶이 글로 쓸 가치가 있는지에 관한 이야기로 마무리한다.

삶의 작은 사건 속에서도 우리는 소중한 깨달음을 얻곤 한다. 오래전 한 스님이 들려준 이야기가 있다. 스님이 도둑맞은 시계를 청계천 시계 가게에서 발견하고 천 원을 내고 다시 사온 이야기를 떠올린다. "용서하려고 한 것이 아니라, 흐트러진 내 마음을 스스로 거두어들였을 뿐"이라는 말처럼, 글쓰기는 타인에게 보여 주기 전에 내 마음을 정리하는 과정이다.

그리고 이렇게 정리된 경험은 독자에게 감정을 전하고, 연결감을 만들어 낸다. 오늘 먹은 한 끼, 친구와 나눈 대화, 창밖으로 스치는 풍경까지, 모든 일상은 글의 재료가 된다. 작은 체험을 기록하고 성찰하는 과정 속에서 우리는 진정한 인간다움을 발견한다. 그리고 그 인간다움을 가장 잘 드러낼 수 있는 것이 바로 '자신만의 경험이 담긴 글'이다.

우리는 매일의 경험 속에서 생각하고, 느끼고, 선택하며, 관계를 맺는다. 이러한 과정이 쌓여 독창적인 이야기가 되고, 나만의 목소리를 가진 글이 된다. 작은 사건 속에서도 삶의 본질을 찾아 의미를 부여하는 것! 바로 그것이 인간다운 사고이자, 우리의 글쓰기가 특별할 수 있는 이유가 된다는 점을 기억하길 바란다.

이가령

차례

들어가며 우리의 글쓰기에는 특별한 것이 있다 · 004

제1강

우리는 왜 글을 잘 쓰고 싶은가

고수의 전략1: 글감 찾기

나를 발견하는 글쓰기 · 017
사소한 이야기가 지닌 힘 · 022
경험과 주장이 만나면 놀라운 일이 벌어진다 · 028
남들은 나에게 관심이 없다 · 033
솔직함과 배려 사이의 균형을 찾자 · 040

제2강

나의 삶은 어떻게 글이 되는가

고수의 전략2: 서사력 키우기

어떻게 '나'를 드러낼 것인가? · 047

자세하게 관찰해야 하는 이유 · 058

기억은 어떻게 끌어내는가? · 066

멀리서 봐야 한눈에 보인다 · 075

'나'를 뭐라고 쓸 것인가? · 082

"살았던 모습을 전달하고 싶다" · 093

왜곡하지 않도록 선별하라 · 097

체험에 새로운 옷을 입혀라 · 101

예기치 못한 순간에 만난 감동을 기억하라 · 106

'화제'에서 멈추지 말고 '문제'로 들어가라 · 112

근사하지 않으면 큰일 나는가? · 117

제3강

마음을 울리는 글은 무엇이 다른가

고수의 전략3: 표현력 완성하기

"글을 쓰니 내가 이긴 것 같아요" · 127
좋은 글은 유리창과 같다 · 131
보여 주지 말고 겪게 하라 · 136
그냥 '시간'이라고 쓰지 마라 · 142
설명이라는 틀에 주장을 녹여라 · 150
문단은 글쓰기의 지도이다 · 156
일단 다섯 문단만 써 보라 · 165
사람을 끌어들이는 고수의 진짜 전략 · 171
요약은 나의 힘 · 175
바른 문장의 8가지 조건 · 189
틀려서 고친다고 생각하지 마라 · 205

제4강

노련한 단어 사용이 글의 품격을 바꾼다

고수의 전략4: 어휘력 늘리기

특별하게 쓰고 싶다면 더 구체적으로 · 223
"당신의 주머니에 음악 1,000곡이 들어 있다" · 229
설명하지 말고 보여 줘라 · 235
나만 아는 단어만 빼도 좋아진다 · 241
아주, 매우, 몹시, 대단히, 굉장히, 엄청나게 · 245
낡은 시대의 차별어 대신 요즘 시대의 배려를 · 255

제5강

글쓰기는 삶을 대하는 태도다

고수의 전략5: 철학 녹이기

천재는 99%의 노력과 1%의 영감으로 이루어진다 · 263
처음부터 완벽하길 기대하지 마라 · 270
나를 주저앉히는 7가지 이유들 · 274
"모든 초고는 쓰레기다" · 280
내 삶은 충분히 기록으로 남길 만하다 · 286

나가며 오늘 못 쓰더라도, 내일 다시 펜을 들자 · 296
참고문헌 · 298

제1강

우리는 왜 글을 잘 쓰고 싶은가

고수의 전략1: 글감 찾기

나를 발견하는
글쓰기

> 시는 감정의 문제가 아니다. 그것은 언어의 문제다.
> 감정은 언어가 만들어 낸다.
>
> _움베르토 에코

　우리는 이야기를 통해 세상을 이해하고 자신을 발견한다. 자신의 삶을 기록하는 것은 자신의 정체성을 찾는 중요한 과정이다. 심리학에서 '서사적 정체성(narrative identity)'이라고 하는 개념인데, '우리가 자신의 경험을 이야기로 정리하면 삶의 의미와 방향을 더 분명히 할 수 있다'라는 의미이다. 실제로 사람들은 글을 쓰면서 '나는 누구인가?'를 고민하고, 자신의 인생을 더 깊이 이해하게 된다.

　빅터 프랭클의 사례는 유명하다. 그는 홀로코스트 생존자로서 강제 수용소에서 겪은 극한의 경험을 글로 기록했다. 자신의 경험을 바탕으로 쓴 《죽음의 수용소에서》에서 극한의 상황에서 삶의 의미를 찾는 과정이 인간을 지탱하는 힘이 된다고 강조하며 실제로 증명해 냈다.

물론 자기 발견과 치유가 반드시 극단적인 경험에서만 이루어지는 것은 아니다. 우리 또한 일상 속에서 크고 작은 어려움을 겪으며 살아간다. 억울한 일이나 상처를 다시 떠올리며 글로 표현하는 과정에서 감정이 북받칠 수도 있지만, 글을 통해 정리하고 나면 마음이 후련해지는 경험을 하게 된다. 결국, 자기 이야기를 글로 쓰는 것은 감정을 건강하게 정리하는 과정이자 긍정적인 변화를 만들어 내는 강력한 도구가 된다.

또한, 누군가의 이야기를 들을 때 우리의 뇌는 이야기하는 사람과 비슷한 반응을 보인다는 연구 결과가 있다. 이는 우리가 이야기를 통해 서로 공감하고 유대감을 형성할 수 있다는 뜻이다. 자신의 힘든 경험이나 소중한 기억을 공유하면, 상대방도 공감하고 위로받을 수 있다. 글을 나누는 과정도 마찬가지다.

그러므로 진짜 글은 다른 이의 공감을 부를 수 있는 진짜 경험으로부터 나온다고 볼 수 있다. 우리의 삶은 기쁨과 슬픔, 도전과 좌절을 통해 성장하는 과정이며, 그 속에서 느낀 감정과 깨달음은 인위적으로 만들어질 수 없다. 좋은 글은 결국 나라는 주체에서 출발하며, 경험과 생각이 반영될 때 비로소 의미가 생긴다.

글은 단순히 내 이야기를 전달하는 것을 넘어 타인의 삶에 도움을 주고, 마음을 어루만지고, 때로는 희망의 빛이 되기도 한다.

상처받은 이에게 위로를 건네고, 길을 잃은 사람에게 방향을 제시하는 역할도 할 수 있다. 누군가에게 따뜻하게 가닿는 글을 쓰기 위해서는 어떤 경험을 어떻게 골라서 써야 할까?

글은 '좁히는' 일이다

무엇을 쓸지 고민힐 때는 우선 너무 많은 것을 쓰려는 욕심을 내려놓는 데서 시작해야 한다. 내 안의 수많은 이야기 가운데 단 하나만 꺼내어 깊이 들여다보아야 한다. 예를 들어, 자신의 반려견에 대한 글을 쓴다고 생각해 보자. 개를 길러 본 사람은 알겠지만, 개와 사람은 서로 감정을 주고받으면서 생활하는 경우가 많다. 그러니 할 이야기도 많아져 자신이 기억하는 모든 이야기를 꺼내려 한다. 산책 이야기, 밥 먹는 이야기, 병원 이야기 등등….

그런데 이상하다. 그렇게 많이 쓰면 오히려 글이 더 어려워진다. 글은 넓게 펼치는 것이 아니라 좁게 들어가는 일이다. 주제는 한껏 좁히고 그 안에서 단 하나의 장면을 찾아야 한다. 강아지와 나의 관계를 가장 잘 보여 주는 사건 하나, 바로 거기서 글이 시작된다. 반려견의 노화, 그 가운데서도 밥 먹는 이야기로 골라보자.

나이가 들면서 점점 아이의 입맛이 변하고, 식욕도 예전 같지 않은지 요즘은 밥도 잘 안 먹는다. 속도도 예전 같지 않다. 사료를 물에 불려서 한참 기다린다. 딱딱한 사료가 부드러워지길 기다리며 나는 컵을 들고 서 있다. 작은 사발에 따뜻한 물을 붓고 젓는 소리, 가만히 들으면 그 소리가 참 조용하다. 서둘러 끓일 것도 아니고, 대충 부어 먹일 것도 아니다. 이젠 그렇게 할 수 없다. 조용한 물소리를 들으며 나는 가끔 나 자신을 본다. 이 아이가 처음 왔을 땐 사료를 철퍼덕 쏟아도 좋았다. 뛰어와 먹고, 엎고, 흘리고, 그래도 다 먹었다. 지금은 다르다. 한 숟갈 한 숟갈, 내가 지켜보아야 안심하고 넘긴다. 아침마다 따뜻한 물을 사료에 붓고 기다린다. 누구를 위해서라기보다, 조금이라도 더 곁에 머물게 하고 싶은 마음으로.

우리 집 강아지의 모든 면을 적으려 하지 마라. 지금 밥을 불리는 일, 그 조용한 준비의 시간, 그게 이 아이와 나 사이의 오늘이다. 화려한 말은 중요하지 않다. 딱 하나, 작고 조용한 장면을 붙잡는 일이 핵심이다. 그리고 그 장면을 품은 매개물 하나만 제대로 찾아도 글은 살아난다. 누군가에겐 냄비에 남은 밥풀일 수도 있고, 누군가에겐 밥그릇을 핥는 소리일 수도 있다. 중요한 건 무엇을 붙잡고 이야기할 것인가, 그리고 그것으로 무엇을 건네려 하는가이다. 거기서부터 진짜 글쓰기가 시작된다.

글을 쓰는 건 결국 '기억의 손잡이'를 만드는 일이다. 어떤 이야기를 꺼내려 할 때 그 이야기를 붙들고 있는 사물 하나, 장면 하나, 몸의 감각 하나가 있어야 한다. 그걸 읽는 사람에게도 전달할 수 있어야 내가 겪은 일이 상대의 기억 속에서도 떠오른다.

사소한 이야기가
지닌 힘

> 우리는 모두 우리만의 이야기를 가지고 있다.
> 중요한 것은 그것을 찾아내는 눈과 기록하는 용기다.
> _나탈리 골드버그

"글을 쓰고 싶은데, 도대체 뭘 써야 할지 모르겠어요." 누구나 이런 고민을 해 보았을 것이다. 많은 사람이 글을 쓰려고 할 때 가장 먼저 맞닥뜨리는 문제는 소재 부족이다. 하지만 정말 쓸 게 없는 걸까? 사실 우리의 일상에는 흥미롭고 의미 있는 이야기들이 가득하다. 다만 그것을 포착하는 눈과 기록하는 습관이 부족할 뿐이다.

가까운 일상에서 출발하면 소재 찾기가 쉽다. 특히 가족이나 친구와의 대화 속에는 예상치 못한 재미와 감동이 숨어 있다. 사소하게 흘려보낼 수도 있는 순간, 또는 가슴 뭉클한 이야기들이 글로 남으면 특별한 이야기가 된다. 다음 예시를 읽어 보자.

감동의 순간은 무심코

조희

며칠 전 딸아이가 "엄마, 엄마 이름은 무슨 뜻이야?" 하고 물었다. 나는 별 생각 없이 대답했다.
"주하 네 이름은 재능으로 사람들을 돕는다는 뜻이랬지? 엄마 이름은 나라 조(趙)에 빛날 희(熙)자야. 세상을 빛내는 사람이 되라는 뜻이야."
그러자 아이는 무심한 듯한 말두로 "그래? 그럼 엄마는 이름의 뜻을 이미 이뤘네?"라고 말했다. 그 말을 듣는 순간 잔잔한 호수에 물수제비를 던져 퐁퐁퐁 파문이 인 듯 마음이 일렁였다. 내가 누군가에겐 찬란하게 빛나는 사람으로 보일 수도 있구나! 하는 마음이었다. 한없이 부족한 엄마를 빛나는 사람이라 말해 주는 딸이 고마웠다. 가끔 우리 딸은 내가 자존감이 떨어져 있거나 힘들고 지쳐 있을 때 이렇게 툭 감동을 준다.

이 글은 작은 이야기도 어떻게 풀어내느냐에 따라 깊은 울림을 줄 수 있다는 것을 보여 주는 좋은 예다. 엄마와 딸의 짧은 대화, 이름의 뜻을 묻고 답하는 평범한 순간이지만, 그 안에 담긴 감정과 의미를 섬세하게 포착해 글로 옮겼기에 독자의 마음을 건드릴 수 있는 글이 되었다. 일상의 순간은 대부분 스쳐 지나간다. 그러나 그 안에 담긴 감정과 의미를 놓치지 않고 붙잡아 글로 옮기면, 작은 장면도 깊은 이야기로 확장된다. 이 글의 핵심은 바로 거기에 있다.

딸의 한마디에 마음이 일렁였던 순간을 붙잡아 그 감정을 솔직하게 풀어낸 것, 그리고 그 감정이 '나'라는 존재에 대한 새로운 해석으로 이어지는 과정이 담겨 있기에 독자는 '나도 그런 적이 있었지' 하고 자연스럽게 마음을 열게 된다. 결국 좋은 글은 큰 사건에서 나오는 것이 아니라, 작은 순간을 어떻게 바라보고 풀어내는가에서 비롯된다. 그 순간의 감정을 지나치지 않고, 나만의 언어로 정직하게 담아내는 것이 글쓰기의 시작이다.

이와 같이, 우리는 글에서 여러 가지를 느낄 수 있다. 다만 말로 표현하기가 힘들 뿐이다. 늘 똑같은 일을 하는 것 같더라도 어느 한순간을 도려내어서 보면 똑같은 경험은 없다. 감정이 깊이 스며든 글은 읽는 사람의 내면에 자연스럽게 영향을 미친다. 무심코 사건을 따라가며 읽는 것 같지만 무의식적으로 글의 분위기와 정서를 흡수하고, 그 감정이 자신도 모르는 사이에 마음속에 자리 잡게 된다. 특히, 따뜻한 시선으로 쓰인 글은 공감과 연민을 불러일으키고, 때로는 글을 다 읽은 뒤에도 잔잔한 여운을 남긴다.

글을 읽으면서 글이 전달하는 감정이나 메시지를 의식적으로 자각하지 못하는 현상을 '잠재적 영향' 또는 '무의식적 영향'이라고 한다. 이는 글을 읽으면서 내용에 담긴 감정, 교훈, 메시지 등을 명확하게 인식하지는 못하지만, 무의식적으로 그 영향을 받는다는 뜻이다.

더 넓은 개념으로는 '잠재 학습(latent learning)'이라고 한다. 잠재 학습은 우리가 항상 의도적으로 학습하지 않더라도 환경과 경험을 통해 많은 것을 배울 수 있음을 보여 준다. 사람들은 일상에서 무의식적으로 많은 정보를 흡수하는데, 이러한 정보들은 내면 깊숙이 숨어 있다가 필요한 시점에서 유용하게 활용되는 일이 많다.

의미 있는 것은 멀리 있지 않다. 거창한 사건이나 위대한 업적이 아니어도 좋다. 일상 속의 작은 순간, 눈길 한번 주지 않던 풍경, 누군가의 따뜻한 한마디, 나를 다시 돌아보게 하는 깨달음…. 그것들이 모여 나만의 이야기가 되고, 글로 남아 내 삶의 지도를 만들어 간다. 당신에게 의미 있는 것은 무엇인가? 그 의미를 찾는 길 위에 당신의 이야기가 있고, 그 이야기를 글로 쓰는 순간 당신은 당신만의 삶을 더 깊이 이해하게 된다. 그리고 그 이야기는 누군가에게 닿아 또 하나의 의미가 되어 주리라.

'나'의 문제에서 '우리'의 문제로

오늘 아침 아이들과 나눈 대화나 모바일에서 읽었던 기삿거리부터 아이의 유아차를 밀고 가는 젊은 부부의 모습까지, 일상의 무엇이든 글감이 될 수 있다. 좋은 기운이 좋은 일을 부르듯 좋은 아이디어가 좋은 글감을 부른다. 좋은 글감은 새로운 아이디어를 불러오고, 이는 다시 더 깊은 글쓰기로 이어진다. 글감으로 선택하려는 눈으로 보면 발 닿는 곳마다 이야깃거리가 숨어 있다. 사소한 이야기를 적어 보자. 작은 일상이 가진 의미가 크다. 관념이나 제도에 휘둘리지 말고 당신만의 시선으로 세계를 보라. 거기에 이야기가 있다.

 이렇게 글을 쓰면서 차츰 '나'의 갈등을 '너'의 갈등으로, 그리고 '우리'의 갈등으로 확장해 보자. 글은 나를 위해 쓰는 것이 아니라 너에게 전달하는 의견이며, 더 나아가 우리의 이야기가 된다. 일기처럼 외부 독자를 제한하거나 배제하는 글이 아니라면, 내가 글을 쓰면 누군가가 읽어 줄 것이라고 기대를 하게 되므로 글쓰기는 일종의 공적인 행위다. 따라서 글의 내용과 지향점을 '나'에서 '우리'로 확장하는 것은 중요하다.

 예를 들어, 우리 집 아이가 밤길에 불량배를 만나 피해를 입었다고 하자. 이 사건은 처음에는 우리 아이, 또는 우리 가족의 문제로 여겨질 수 있다. 그래서 아이에게 밤늦게 다니지 말라고 주의를 주는 것으로 사건을 마무리할 수도 있다. 그러나 이 사건을 더 넓게 보면 귀갓길에 불량배를 만나는 일은 우리 아이뿐 아니라 이웃, 우리 동네, 나아가 우리 사회 전체의 문제가 될 수 있다.

이처럼 하나의 사건을 확대하여 해석해 본 뒤 읽는 사람을 포함시키면, 자연스럽게 글의 내용에 관심을 기울이게 된다. 개인의 경험을 사회적 문제로 확장하고, 그 문제를 함께 고민하고 해결하려는 공적인 행위가 된다. 이렇게 접근하면 독자와 더 가까이, 더 깊게 공감하고 소통할 수 있다.

경험과 주장이 만나면
놀라운 일이 벌어진다

> 소설가는 묘사할 수 있고,
> 독자는 상상할 수 있다.
> _E.M. 포스터

우리는 보통 좋은 글이란 사회적 함의가 있는 무엇을 주장해야 한다고 생각하기 쉽다. 그러나 이런 글도 일상 안에서 얼마든지 쓸 거리를 찾을 수 있고, 찾도록 해야 한다. 다음 예시 글을 보자.

나는 아침에 바쁘다는 이유로 종종 식사를 거르고 하루를 시작하곤 했다. 하지만 아침을 안 먹은 날은 시장기에 시달리면서 점심시간이 올 때까지 밥 먹을 시간만 기다리게 되었다. 그러고 나서는 보상 심리로 점심을 과식하게 되었고, 그 영향으로 오후에는 피곤해서 집중력이 떨어지는 경우가 많았다.

반면, 간단하게라도 아침을 챙겨 먹었을 때는 적어도 폭식은 하지 않았고 하루종일 에너지가 유지되는 것을 느꼈다. 연구에 따르면, 아침 식사는 인지 능력과 체력 유지에 긍정적인 영향을 미친다고 한다. 특히 뇌는 포도당을 주요 에너지원으로 사용하기 때문에, 아침 식사를 통해 적절한 영양 공급이 이루어지지 않으면 사고력도 낮아질 수 있다.

이처럼 나의 경험과 과학적 근거를 결합하여 '아침 식사의 중요성'을 주장하는 글을 쓸 수 있다. 거창한 사회적 이슈는 아닐지라도, 일상 속에서 의미 있는 변화를 가져온 주제라는 점에서 충분히 가치가 있다.

주장이란 특정한 관점에 대해 타당하고 명확한 근거를 제시하는 논리적 과정이다. 주장의 논리는 반드시 존중받을 만해야 한다. 첫 문장을 쓰고 나서 찰떡같이 이어지는 문장으로 뒤 문장을 연결해야 한다. 그렇게 문장들이 자연스럽게 이어지며 문단을 이루고, 문단이 쌓이면서 주장의 요지가 점점 선명해진다.

문단이 늘어날수록 주장의 요지는 더욱 강화되고, 하고자 하는 말은 글의 맥락을 따라 끝까지 이어진다. 이런 식으로 주장을 전개하면 읽는 사람에게 중요하고도 지적으로 흥미진진한 글을 제시할 수 있다. "나는 이렇게 생각한다"라고만 적을 것이 아니라, 내 경험과 신뢰할 만한 자료를 연결하는 것이 중요하다. 예를 들어, 아침을 거르면 집중력이 떨어졌다는 경험을 이야기한 뒤 연구 결과를 제시하면서 주장을 뒷받침하는 식으로 글을 전개해야 한다. 또한, 왜 그 주제에 관심을 가졌는지 배경을 이야기하고 어떻게 결론에 도달했는지를 말해 준다. 그러면서 그동안 품었던 궁금증과 질문이 있으면 살펴서 다룬다.

이따금 반복과 주장을 혼동하는 경우가 있다. 같은 내용을 여러 번 이야기하는 것은 강조가 아니다. "사랑은 아름답다. 사랑은 위대하다. 사랑은 영원하다. 사랑 없이는 살 수 없다." 설령 이렇게 쓰는 일은 없겠지만 이렇게 반복적 표현만 남발한다고 해서 사랑의 위대함이 강조되는 것은 아니라는 뜻이다. 적어도 "사랑은 인생의 가장 아름다운 선물이다. 사랑은 우리에게 용기를 주고, 세상을 아름답게 보도록 만든다. 사랑은 우리를 완전하게 만들어 주는 마법 같은 존재다."라는 식으로 사랑이 주는 다양한 의미를 구체적인 예시와 함께 설명하여 주제 의식을 명확하게 해 주는 문장을 써야 한다.

때로는 상식을 환기하거나 명망 있는 인물의 주장을 언급함으로써 나의 주장을 뒷받침할 수 있다. '스마트폰을 아이들에게서 떼어 놓자'라고 주장하는 사람은 보편적 신념에 호소할 수 있다. "좋은 부모라면 아이가 사랑하고, 배우고, 뛰어노는 어린 시절이라는 정서적 공간이 보호받기를 원할 것이다"라고 말한 다음, 스마트폰이 그 정서적 공간을 위협한다고 주장하면 흐름이 자연스럽다. 그리고 스티브 잡스 역시 자신의 자녀들의 스마트폰 사용을 통제했다는 사실을 이 주장의 근거로 들어 보일 수 있다. 이처럼 유명 인물의 발언을 활용하면 주장에 신뢰도를 더할 수 있다.

사람의 생각은 경험에 따라 바뀐다

본래 나는 전자책 독서를 별로 좋아하지 않았다. 일단 눈의 피로감이 상당했다. 안 그래도 수면 장애가 있는데, 전자기기의 블루 라이트 때문에 깊은 잠을 자지 못하는 것이 제일 불편했다. 그리고 책에 나오는 도표나 그래프 등이 전자화면에서는 잘 구현되지 못하는 경우가 있어서 전자책 독서는 좀 멀리하게 되었다.

그런데 집에 책이 넘쳐 정리를 궁리하다 다시 한번 전자책 읽기를 시작해 보았다. 두 번째 시도는 생각보다 나쁘지 않았다. 오히려 좋은 점도 있었다. 무엇보다도 특정 단어나 구절을 쉽게 검색할 수 있어 매우 편했고, 책을 읽어 주는 기능도 있어서 운전할 때도 듣는 독서를 할 수 있었다. 또 모바일 하나만 들고 있으면 수백 권의 책을 들고 다닐 수 있으니 그 또한 좋았다. 그래서 지금은 전자책 읽기 애호가가 되었다. 생각이 바뀐 것이다.

논리는 반박을 견딜 수 있을 때 강해진다. 논리적인 글을 쓰기 위해서는 단순한 주장만 늘어놓는 것이 아니라, 스스로 반론을 제기하고 이를 반박하는 과정이 필요하다.

"전자책이 종이책을 대체할 수 있다고 생각하시나요? 많은 사람이 그렇지 않다고 말합니다. 하지만 저는 다르게 생각합니다."
"MBTI는 과학적 근거가 부족하다는 비판이 있습니다. 하지만 그렇다면 왜 많은 사람이 이를 참고하여 대인관계를 분석하는 걸까요?"

독자가 반론을 떠올리기 전에 이처럼 먼저 반박한 뒤 논리를 보강하면, 주장은 더욱 설득력 있다. 주장하는 글은 반대 의견에 대비할 때 더욱 강력해지기 때문이다. 자신의 생각이 바뀌는 과정, 반론을 예상하고 반박하는 과정, 논리적 연결을 강화하는 방식 등을 활용하면 보다 논리적이고 설득력 있는 글을 쓸 수 있다.

글쓰기는 집짓기다. 집짓기와 마찬가지로 가장 중요한 단계는 기초공사다. 탄탄하게 기본기를 다져 놓으면 든든한 집을 지을 수 있다. 토대가 튼튼한 집이어야 백 년 이상 거뜬히 버틴다는 사실을 기억하자.

남들은 나에게
관심이 없다

> 사람들은 당신이 생각하는 것만큼 당신에게 관심이 없다.
> 그러니 하고 싶은 대로 살아라.
> _리처드 칼슨

 교사들을 대상으로 글쓰기 강의를 할 때 여러 가지 질문이 나왔다. 그 가운데에는 나를 드러내는 두려움에 대한 질문이 가장 많았다. 다음과 같은 식이다.

- 나의 글을 공개하는 것이 두려울 때 할 수 있는 방법은?
- 나에 대한 글쓰기를 할 때 내면의 상처를 발설하는 것이 힘듭니다. 이럴 땐 어떻게 해야 하나요?

 내 상처를 다시 만지고 보여 주어야 하는 것 같은 두려움은 자연스러운 감정이다. 이 문제를 생각하니 지난 경험 하나가 떠올랐다.

한번은 강의에 블라우스를 뒤집어 입고 간 적이 있었다. 아무것도 모르고 하루를 지낸 뒤, 집에서 옷을 갈아입으려다 뒤집어 입은 걸 발견했다. 그런데 그날 만났던 많은 사람 가운데 아무도 내가 옷을 뒤집어 입었다는 것을 알아챈 사람이 없었다. 관중의 이목이 집중되는 강사였는데도 말이다. 그만큼 사람들은 다른 사람에게 큰 관심이 없다.

이야기를 들으며 대충 짐작했겠지만, 솔직하게 쓰는 글의 두려움을 벗어나는 비법 첫 번째는 '과한 주인공 의식을 버리기'이다. 우리는 보통 방금 만난 사람인데도 그가 무엇을 입었는지, 무슨 말을 했는지 정확하게 기억하지 못한다. 아니, 기억했다 하더라도 그때뿐이다. 자기 살기도 바쁜 세상 아닌가? 그러니 일단 너무 걱정하지 말고 글쓰기에 충실하면 된다. 과한 주인공 의식만 버려도 글쓰기에 자신감이 붙을 것이다.

솔직한 글은 힘이 세다. 글은 솔직하게 써야 한다. 그러나 글쓰기는 본질적으로 타인을 의식하는 행위다. 글을 읽어 줄 독자가 존재해야 의미가 있다. 아무도 읽지 않는 글은 가치가 떨어진다. 물론 '일기'처럼 외부 독자를 거부하는 글도 있지만, 이는 기록용으로는 유용할지 몰라도 글쓰기 능력을 향상시키는 데는 큰 도움이 되지 않는다. 타인에게 보일 일이 없으니 문장을 정교하게 다듬지 않게 되고, 깊이 있는 퇴고 과정을 거치지 않기 때문이다. 그래서 글은 읽는 이를 염두에 두고 써야 한다.

그렇다면 불특정 다수가 내 글을 읽는다고 가정할 때 솔직함의 정도를 어떻게 조절해야 할까? 솔직한 글은 자신이 감당할 수 있는 범위에서 시작해야 한다. 감당할 수 있어야 솔직하게 말할 수 있다. 아직도 그 일이 자신을 크게 흔들고 있다면 당장 다루기는 어렵지 않을까? 상처가 아물기를 기다리거나, 적어도 그 감정을 어느 정도 객관적으로 바라볼 수 있을 때 쓰는 것이 현명하다. 글쓰기가 치유의 과정이 될 수도 있지만, 때로는 '재외상(re-traumatization)'의 위험도 있기 때문이다.

또한, 타인의 시선 때문에 글을 쓰는 데 어려움을 겪는다는 것을 깨닫는 과정도 중요하다. 리처드 칼슨의 조언처럼, 우리는 종종 실제보다 타인의 시선을 과대평가하여 스스로를 얽매는 경향이 있다. 솔직한 글쓰기를 방해하는 것이 불필요한 타인의 시선이라는 것을 인지하는 것만으로도 큰 발전이 될 수 있다.

어려서 우리가 받은 글쓰기 교육은 솔직한 글을 쓰기 더욱 어렵게 만들었다. 특히 일기의 경우는 "어머니 말씀을 잘 들어야겠다고 다짐했다"처럼 반성과 후회로 끝나는 경우가 많았다. 사실 이런 말은 사실일 수도 있고, 아니면 그저 착한 거짓말일 수도 있다. 물론 살다 보면 착한 거짓말이 필요할 때가 있다. 그러나 이는 가족이나 친구, 동료 등 매우 친근한 사이에서나 용인된다. 불특정 다수를 대상으로 하는 착한 거짓말이란 없다. 그러니 솔직한 글로 밝히지 못하는 일이 있을지언정 거짓으로 포장해서 내놓아서는 안 된다.

편견을 넘어서고 나를 인정하는 것

좋은 글을 쓰려면 자기감정에 충실해야 한다. 자기감정에 충실해 보려고 하다가도 다른 사람의 시선, 제도, 문화 같은 문지방에 걸려 넘어지기도 하고, 자기 스스로 쳐 놓은 그물에 걸려 움직이지 못하는 경우도 있다. 그렇게 된다면 좋은 글을 쓰기 어렵다. 자기감정을 들여다보고 그것을 표현할 수 있어야 한다. 자신의 편견을 넘어서려는 노력이 필요하다.

솔직하게 쓰는 글의 두려움을 벗어나는 비법 두 번째는 '편견을 넘어서고 부족한 나를 그대로 인정하는 것'이다. 타인의 시선을 극복하는 일은 물리적으로 그 시선을 신경 쓰지 않는 것이 아니라 내면의 변화를 통해 가능하게 하는 것이다. 우리는 먼저 자기 자신에게 존재하는 편견을 직시하고 그것을 넘어서야만 한다.

최근에 한 SNS에서 재미있는 글을 읽었다. 자기 얼굴을 화면의 절반 이상 나오게 찍어 셀카를 올리는 사람들이 좀 불편하다는 내용이었다.

남이야 자기 얼굴 사진을 크게 올리든 말든 그게 왜 내 눈에 거슬리는가? 그 이유는 자기 안의 들키기 싫은 욕망과 상관이 있다고 했다. 내 마음속에도 셀카를 올리고 싶은 욕망이 있는데, 남의 눈이 두려워 못하게 억누르고 있는 거 같다. '나는 차마 못 하는 걸 저 사람들은 마음대로 하네'라는 부러움일지도 모른다.

어떤 대상이나 행동이 유독 신경 쓰이고 불편하게 느껴질 때, 그것은 그 행동과 관련된 자신의 내면적인 욕구나 감정을 부정하고 있기 때문일 수 있다. 즉, 셀카를 자주 올리는 사람들을 보면서 '저 사람들은 왜 저럴까?' 하는 불편함이 든다면 동일한 욕구가 내게도 존재하지만 억누르고 있어서 그렇다고 볼 수 있다. 자기도 셀카를 올리고 싶지만 '이 나이에 셀카 올리는 건 좀 창피하지 않나?' 하는 식의 사회적 기준이 내면화되면서 스스로 그 욕구를 억누르게 된 것이다.

이렇게 억누른 감정은 사라지지 않는다. 다른 사람을 통해 보일 때 강한 반감으로 나타날 수 있다. 그러다 보니, 나와 비슷한 욕구를 자유롭게 드러내는 사람을 보면 무의식적으로 거부감이 들게 된다. 일종의 '투사(projection)'이다. 투사는 자신의 받아들이기 힘든 감정이나 특성을 무의식적으로 다른 사람에게 전가하는 방어기제다.

예를 들어, 자신의 공격성을 인정하기 어려운 사람이 타인을 공격적이라고 비난하는 경우가 이에 해당한다. 이러한 투사는 자신의 내면 갈등을 외부로 돌려 불안을 완화하려는 시도이자, 자신의 내면에 대한 부정적 인식을 타인에게 전가함으로써 자아를 보호하려는 무의식적인 과정으로 볼 수 있다.

따라서 타인의 시선을 극복하려면 먼저 자신의 부족한 부분을 인정해야 한다. 그런 다음 그것을 수용하고 발전할 수 있는 길을 찾아서 나아가야 하는데, 결코 쉬운 일은 아니다. 자신의 약점을 직시하고 자기 자신을 있는 그대로 받아들이지 못하는 사람은 타인의 평가에도 쉽게 흔들리게 된다.

강의를 하고 나면 강의 평가를 받게 된다. 다행히 강의가 좋았다는 평가가 많아 마음이 가벼울 때가 많지만, 어쩌다 조금이라도 불편한 말이 나오면 그때부터 마음이 툭 무거워진다. 일희일비하지 않겠다고 말하면서도 일희일비하는 나를 발견한 뒤, 스스로에게 두 가지 처방을 내렸다. 하나는 내 강의라고 모든 사람이 다 좋아할 리 없다고 생각하기, 나머지 하나는 내가 해결할 수 있는 문제면 개선하고 해결할 수 없는 문제면 어쩔 없다고 생각하기. 그랬더니 마음도 편해지고 강의도 더 잘 풀렸다.

자신을 온전히 받아들이지 못하면 타인의 단점을 마주할 때 불편한 감정을 느낄 가능성이 크다. 이는 우리 내면의 불안이나 미해결된 감정에서 비롯된다. 타인을 향한 부정적 감정은 본질적으로 우리 자신에 대한 태도를 반영하며, 이로 인해 타인을 바라보는 시각이 왜곡될 수 있다.

  타인의 시선에서 자유로워지려면 이러한 감정을 있는 그대로 인식하고 조절하는 것이 중요하다. 자신을 받아들이고 타인을 성급히 판단하지 않으려 노력해야 한다. 좋은 글을 쓰기 위해서는 타인의 기대에 과도하게 얽매이기보다, 자신의 진솔한 경험과 생각을 바탕으로 글을 풀어 나가는 것이 중요하다. 이를 통해 보다 깊이 있고 진정성 있는 글을 완성할 수 있다.

솔직함과 배려 사이의
균형을 찾자

우리는 자신의 경험을 말하지만,
좋은 글은 독자가 그 안에서 자신의 이야기를 발견하게 한다.

_앤드루 솔로몬

우리는 글을 쓸 때 솔직해야 한다고 배운다. 하지만 솔직함이 곧 읽는 사람을 배려하지 않는 태도를 의미하는 것은 아니다. 자기 생각을 솔직하게 쓰는 것은 중요하지만, 소통을 고려하지 않으면 자칫 자기중심적인 글이 될 수 있다. 이 문제를 가장 잘 보여 주는 다음 예가 독자를 고려하지 않고 나의 생각만 강조하는 글이다.

나는 매일 아침 6시에 일어나고, 10킬로미터를 뛰고, 신선한 샐러드를 먹는다. 이런 생활을 하지 않는 사람들은 참 이해가 안 된다.

이 글은 분명 솔직한 표현이지만, 읽는 사람은 공감하기 어렵다. 왜 문제가 될까? 글을 읽는 사람이 전혀 다른 생활 방식을 가진 사람일 수도 있다는 점을 놓치고 있다. '이해가 안 된다'라는 표현은 자신과 다른 사람들을 배제하는 느낌을 준다.

나는 아침 6시에 일어나 10킬로미터를 뛰면서 하루를 시작한다. 그렇게 하면 몸이 가뿐하고 하루가 훨씬 활기차게 느껴진다. 물론 누구에게나 맞는 방식은 아닐 수 있겠지만, 나에게는 이 습관이 큰 변화를 가져왔다.

만약 이렇게 쓴다면 거부감이 줄어든다. '이해가 안 된다' 같은 공격적인 표현을 빼고, 독자가 자연스럽게 받아들일 수 있도록 자기 이야기를 중심으로 말하고 있기 때문이다.

글을 솔직하게 쓰라는 말은 읽는 이의 존재를 무시하고 자신만을 강조하라는 의미가 아니다. 진정한 솔직함은 자신의 경험과 생각을 있는 그대로 표현하면서도, 공감할 수 있도록 전달하는 것이다. 글쓰기는 솔직함과 배려 사이의 균형을 찾는 과정이다. 솔직하게 쓰면서도 독자가 멀어지지 않도록 하려면 자신의 생각을 드러내되, 강요해서는 안 된다.

"나는 이렇게 한다. 그러니 너희도 이렇게 해야 한다."　　　　　(×)
"나는 이렇게 한다. 이 방식이 나에게는 잘 맞는다."　　　　　　(○)

물론 첫 문장처럼 써야 할 경우도 있다. 하지만 요즈음은 부모가 아이를 훈육할 때도 첫 문장처럼 쓰면 반발을 일으키기 쉽다.

"나는 이 방법이 최고라고 생각한다."　　　　　　　　(×)
"나는 이 방법이 나에게 맞았고, 이런 점에서 도움이 되었다."　(○)

같은 내용을 말하더라도 표현 방식에 따라 반응은 달라진다. 첫 번째 문장은 단정적인 어조로 인해 반박하고 싶어질 수 있지만, 두 번째 문장은 경험을 공유하는 방식이어서 거부감 없이 받아들여지기 쉽다.

글을 쓸 때도 마찬가지다. 솔직함과 무례함은 다르다. 솔직함이 당당하게 느껴지는 경우는 자신의 의견을 명확하게 밝히면서도 상대방의 감정을 고려하는 태도를 보일 때이다. 연봉 협상을 한다고 가정해 보자.

"3년 동안 일했는데 이 연봉은 너무 적어요."
"저는 3년 동안 기여해 왔고, 성과도 높았습니다. 연봉 인상이 합리적이라 생각합니다."

두 표현 모두 같은 취지이지만, 첫 번째 문장은 감정적인 불만처럼 들릴 수 있는 반면, 두 번째 문장은 객관적인 근거를 바탕으로 자신의 가치를 설명하는 방식이라 더욱 설득력이 있다. 감정적으로 받아들여질 가능성을 줄이면서도 원하는 바를 효과적으로 전달하게 된다. 이는 인간관계에서도 마찬가지다.

"네가 솔직하지 않으면 우리 관계는 끝이야."
"나는 솔직한 대화를 중요하게 생각해. 서로 이야기하며 해결하고 싶어."

첫 번째 문장은 상대를 몰아붙이며 단절을 초래할 가능성이 크지만, 두 번째 문장은 자신의 입장을 분명히 하면서도 상대방과 소통의 가능성을 열어 둔다. 솔직하다고 해서 반드시 직설적이어야 하는 것은 아니다.

공감에 집중하라

솔직함과 배려는 공존할 수 있으며, 이는 글쓰기에서도 마찬가지다. 진정한 솔직함은 자신의 경험을 바탕으로 읽는 사람이 공감할 수 있도록 글을 구성하는 것이다. 즉, 자신을 강조하면서도 독자가 거부감 없이 받아들일 수 있도록 배려해야 한다. 또한, 읽는 이가 다양한 해석을 할 수 있도록 여지를 남기는 것도 중요하다. 지나치게 단정적인 글은 독자의 생각을 배제하고,

오히려 글의 공감력을 떨어뜨릴 수 있다. 박완서 작가는 《나목》에서 "나는 내가 경험한 것만을 말하려 한다. 그러나 그것이 곧 너의 이야기일 수도 있다."라고 말했다.

이 말은 글을 쓸 때 나의 이야기를 하면서도 독자의 경험과 연결될 가능성을 열어 두는 것이 중요하다는 점을 시사한다. 나만 존재하는 글은 외부와 단절될 위험이 있지만, 나의 이야기가 곧 너의 이야기가 될 수 있도록 쓰인 글은 공감의 힘을 가진다.

좋은 글은 나의 이야기를 하면서도 읽는 사람이 자연스럽게 공감하도록 연결하는 글이다. 솔직함은 중요하지만, 읽는 사람을 배려하는 방식으로 표현되어야 더욱 설득력 있고, 더 많은 사람에게 다가갈 수 있다. 결국, 솔직한 글쓰기는 자기 이야기만 하는 것이 아니라, 독자와의 다리를 놓는 과정이다.

제2강

나의 삶은 어떻게 글이 되는가

고수의 전략2: 서사력 키우기

어떻게 '나'를
드러낼 것인가?

**나는 내가 쓰는 글로
존재한다.**

_장 폴 사르트르

인간은 누구나 자기만의 시선과 생각을 가지고 있다. 그러나 글을 쓸 때 우리는 종종 '나'를 감추거나 소외시킨다. '나'가 분명한 글이 있는가 하면, 사라진 글도 있고, '나'가 있음에도 소통되지 않는 경우도 있다. 결국, 글을 쓴다는 것은 '나'의 존재를 어떻게 드러내고, 어떤 방식으로 표현할 것인가에 대한 선택이다.

'나'가 드러나는 글

'나'가 드러나는 글은 개인의 생각과 경험이 선명하게 반영된 글이다. 물론 1인칭 시점을 사용한다고 해서 자동으로 내가 드러나는 글이 되는 것은 아니다. 글쓴이의 감정, 가치관, 그리고 독특한 관점이 뚜렷이 나타날 때 비로소 읽는 이와 깊은 유대감을 형성하게 된다.

어릴 적에는 매일 저녁마다 할머니께서 삶아 주시는 옥수수를 먹었다. 옥수수 알을 하나씩 떼어 먹으며 그날 학교에서 있었던 일들을 이야기했다. 할머니는 묵묵히 들어 주시다가 "오늘도 수고했다"라고 말씀해 주셨다. 그 말이 너무 좋아서 일부러 더 많은 이야기를 꺼내곤 했다.

이 글에는 나의 경험이 생생하게 묘사되어 있다. 할머니와의 대화와 그 속에서 느낀 감정이 구체적으로 그려져 있어, 마치 그 순간을 함께 경험하는 듯한 느낌을 받는다. 나는 단순한 전달자의 위치에 머무르는 것이 아니라 이야기의 중심에 서 있고, 이러한 표현은 읽는 사람 입장에서 나의 감정과 상황에 깊이 공감하게 만든다. 옥수수를 먹는 일상적인 행위를 통해 유년 시절의 따뜻한 기억과 가족 간의 소통을 떠올리게 되어 자연스럽게 정서적 연결을 이루게 된다.

이 영화를 본 뒤, 나는 깊은 혼란에 빠졌다. 주인공이 끝내 선택하지 못한 결말이 너무나 현실적이어서 불편했다. 우리는 흔히 '최선'을 선택해야 한다고 배우지만, 이 영화는 오히려 '어쩔 수 없는 선택'을 보여 준다. 그 점이 오히려 더 진실하게 느껴졌다.

이 비평에도 나의 생각이 뚜렷하게 드러난다. 개인적인 감정과 반응이 글의 중심을 이루는데, 이러한 주관적인 경험은 읽는 사람에게 강렬한 인상을 남긴다. 이 글은 영화의 결말에 대한 혼란을 표현하면서 사회에서 일반적으로 받아들여지는 가치관, 즉 항상 최선의 선택을 해야 한다는 믿음에 의문을 제기한다. 이는 독자로 하여금 자신의 경험과 가치관을 되돌아보게 만들며, 글이 더욱 설득력 있고 생동감 있게 전달되는 효과를 가져온다.

결국 '나'가 드러나는 글은 단순한 1인칭 서술을 넘어, 독자에게 감정과 경험을 깊이 있게 전달한다. 나의 감정과 가치관이 명확하게 드러날 때 읽는 사람은 자연스럽게 글에 몰입하고 공감하게 된다. 이러한 요소들이 어우러져 비로소 쓰는 이와 읽는 이 사이에 강한 유대감을 형성하게 된다.

'나'가 있지만, 단절된 글

글에 '나'가 등장한다고 해서 반드시 소통이 잘 되는 것은 아니다. 때로는 나만 존재하고, 독자는 배경처럼 단절된 글이 될 수도 있다. 이는 주로 두 가지 이유에서 발생한다. 먼저, 표현이 부족할 때다. 자기 경험이나 감정을 나열할 때 읽는 사람이 상황을 함께 느끼도록 표현하지 못해서 그렇다. 두 번째는 자기중심적인 태도가 강할 때다. 읽는 이를 고려하지 않고 자신의 생각만 강조하여 공감을 어렵게 만드는 경우를 말한다.

이러한 문제를 해결하려면 나를 드러내면서도 읽는 이가 경험을 함께 느끼도록 표현을 풍부하게 하거나, 배려하는 태도를 가져야 한다. 각각의 경우를 더 깊이 살펴보자.

1. 독백 같은 글: 독자와의 연결이 부족한 경우

글은 자기가 겪은 상황을 자세하게 적어 읽는 사람이 머릿속으로 그 장면을 훤히 느끼도록 써야 한다. 독백처럼 보이는 글은 그렇지 못하다. 이런 글의 가장 큰 문제는 경험을 나열하기만 하고 상황은 충분히 전달하지 못하는 데 있다. 이는 마치 감정을 담지 않고 일정만 적어 놓은 다이어리와 비슷하다.

나는 어제 집 근처 공원에 갔다. 날씨가 좋았다. 바람이 불었다. 기분이 괜찮았다.

만약 일기에 적었다면 이 정도도 충분하다. 그러나 크든 작든 어떤 자리에서 발표를 하는 글이라면(메신저, SNS, 블로그 등에 적는 것도 넓게 보아서 발표다. 내 글을 누군가가 읽을 것이라는 생각한다면 모든 상황이 발표라고 해도 과언이 아니다), 이 글의 문제점은 크게 두 가지다.

먼저 정보가 부족하다. '공원, 날씨, 바람, 기분'이라는 요소들이 등장하지만, 그것들이 구체적으로 어떤 느낌이었는지 알기 어렵다. 두 번째, 정보가 부족하니 공감하기 어렵다. 단순한 정보 전달에 그쳐서, 읽는 사람 입장에서는 그 장면이 잘 상상되지 않는다. 다음과 같이 수정해 보자.

어제 집 근처 공원에 갔다. 맑은 하늘 아래 바람이 솔솔 불어와 기분이 절로 상쾌해졌다. 벤치에 앉아 있다가 문득, 한참을 지나간 가을 냄새가 남아 있는 걸 깨달았다.

이렇게 쓰면 읽는 사람은 단순한 정보가 아니라 내가 경험한 순간을 함께 느끼게 된다. '맑은 하늘, 솔솔 부는 바람, 가을 냄새' 같은 감각적 요소들이 추가되었기 때문이다. 또한, 자기감정을 '기쁘다' 또는 '슬프다'와 같은 식으로 직접 표현하지 않고, 그런 구체적인 감정이 일어났다는 '사실'을 밝히고 있다.

정리해 보자. 글의 흐름이 자연스럽고 내가 하고자 하는 말을 잘 전달하려면, 첫째, 단순한 사실 나열에 그치지 말고 느낌과 감각을 표현할 것, 둘째, 독자가 그 장면을 머릿속에 떠올릴 수 있도록 사실을 구체적으로 적을 것을 유념해 보면 좋겠다.

2. 자기중심적인 글: 독자의 입장을 고려하지 않는 경우

이 유형의 문제는 읽는 사람을 고려하지 않고 '나'의 생각만 강조하는 경우이다. 이런 글은 독자가 공감하기 어렵거나, 심지어 반감을 불러일으킬 수도 있다. 앞에서 한번 보았던 예문을 다시 보자.

> 나는 매일 아침 6시에 일어나고, 10킬로미터를 뛰고, 신선한 샐러드를 먹는다. 이런 생활을 하지 않는 사람들은 참 이해가 안 된다.

사람들의 생각은 모두 다르다. 그러니 아침 일찍 일어나서 달리기를 하지 않는 사람들이 이해가 안 될 수도 있다. 그러나 독자 측면에서 바라보면 글을 읽는 사람이 전혀 다른 생활 방식을 가진 사람일 수도 있는데, '이해가 안 된다'라는 표현은 명백한 단절감을 주는 것이다.

강한 주관은 공감을 방해한다. 자신이 옳다고 강조하는 태도는 읽는 사람이 누구든 쉽게 동의하기 어렵다.

'나'를 감추어야 하는 글

글을 쓸 때 우리는 흔히 '나'를 드러내야 한다고 생각하지만, 때로는 감추는 것이 더 효과적인 방식이 될 수 있다. 특히 객관적인 정보 전달이 중요한 글에서는 개인적인 감정을 배제해야 신뢰를 얻을 수 있다. 뉴스 기사, 학술 논문, 보고서, 공문서, 설명문 등은 사실과 논리를 중심으로 구성되며, 글쓴이의 주관 개입을 최소화하는 것이 원칙이다. 이는 나를 제거하는 것이 아니라, 정보의 공정성과 신뢰성을 유지하기 위한 전략적 선택이다.

알랭 드 보통은 《뉴스의 시대》에서 "뉴스는 개인의 감정을 배제하고 객관적 정보를 전달하려 하지만, 이 객관성이야말로 뉴스의 가장 주관적인 선택일 수도 있다."라고 하면서 객관성을 유지하기 위해 나를 감추는 것이 얼마나 중요한지를 말하고 있다. 이런 글을 읽는 사람들은 감정적인 해석이 아니라 사실에 근거한 정보를 원하며, 이는 특정한 글쓰기 방식이 요구된다는 점을 보여 준다.

예를 들어, 뉴스 기사는 읽는 이가 사실을 있는 그대로 받아들이도록 하기 위해 기자의 '나'를 드러내지 않는다. 기자의 주관이 개입되면, 기사는 사실 전달이 아니라 칼럼이나 사설로 변질될 위험이 있다. 다음의 두 예시를 살펴보자.

자신의 생각이 들어간 글	자신의 생각이 배제된 글
나는 서울시의 LED 조명 교체 정책을 환영한다. 환경 보호에 기여할 뿐만 아니라, 도시의 야경도 한층 밝아질 것이다.	서울시는 2025년까지 공원 내 조명을 LED로 교체할 계획이다. 관계자는 '에너지 절감을 위한 정책'이라고 밝혔다.

어떠한 사건을 두고 자신이 어떻게 생각했는가 하는 내용이 있고 없고가 다르다. 또한, 그 일로 인한 효과나 결과도 단순히 내 생각으로 예측한 것인지, 실제로 공적인 정보가 있는지 여부도 다르다. 이처럼 뉴스 기사는 사실을 있는 그대로 전달하는 것이 목적이며, 기자의 의견이 배제될 때 독자의 신뢰를 얻을 수 있다. 그래서 의견을 감추고 있다.

연구 논문 역시 나를 감추는 글이다. 논문은 개인적인 의견이 아니라 객관적 근거와 연구 결과를 기반으로 구성해야 해야 하기 때문이다. 연구자의 주관이 개입되면 논문의 신뢰성이 흔들린다. 예를 들어, 한 연구자가 스마트폰 사용으로 인해 집중력이 떨어지는 경험을 했다고 가정해 보자. 논문에서는 "나는 스마트폰을 오래 사용하면 집중력이 저하된다고 느꼈다"라고 서술하지 않을 것이다. 대신에 "최근 연구에 따르면, 스마트폰 사용 시간이 증가할수록 청소년의 집중력이 감소하는 경향이 있다."라는 식으로 객관적인 연구 결과를 인용하면서 글을 쓸 것이다.

뉴스 기사, 논문, 보고서, 공문서 같은 글은 감정을 배제하고 철저히 사실과 논리로 글을 구성하면 오히려 더 강력한 메시지를 전달할 수 있다. 글쓴이의 개입을 최소화할수록 내용이 더 힘을 얻고, 본질적인 진실 역시 또렷하게 드러난다. 이는 때로는 나를 배제하는 것이 더 강한 메시지를 전달할 수 있음을 보여준다.

모든 글에서 나를 드러내야 하는 것은 아니다. 어떤 글에서는 나를 감추는 것이 신뢰성과 설득력을 높이는 역할을 한다. 결국 좋은 글쓰기는 나를 감출 때와 드러낼 때를 구별하는 능력에서 나온다. 글의 목적과 독자를 고려하여 나를 사용할 것인지 감출 것인지 신중하게 선택하는 것이야말로 진정한 글쓰기 실력이다.

'나'에게 진짜 의미 있는 글을 써라

글은 타인을 위한 것이기도 하지만, 궁극적으로 나에게 의미가 있어야 한다. 단순한 기록이 아니라, 자신을 이해하고 성장하게 하는 과정이어야 한다. 세상에는 잘 쓴 글이 많다. 그러나 내 글이 '잘 쓴 글'에 들지 못해도 괜찮다. 대신, '나에게 의미 있는 글'의 범주에는 반드시 들어가야 한다. 기록은 자신의 삶을 돌아보게 하고, 진짜 하고 싶은 이야기와 감춰진 감정을 발견하는 길이 되기 때문이다. 의미 있는 글은 단순한 정보 전달이 아니라, 삶과 마주하는 질문을 담아야 오래 남는다. 삶의 질문이 깊을수록 글도 깊어진다.

어느 날, 너무 바쁜 생활 속에서 피로골절로 갈비뼈가 부러진 적이 있다. 조금씩 쌓인 피로가 어느 순간 한계에 도달해 나를 무너뜨린 것이다. 어이가 없었다. 급하게 멈춰 서게 된 순간에 거울 속에서 지친 내 모습을 발견했다. 그리고 스스로에게 물었다. "나, 지금 행복한가?"

우리는 매 순간 이런 질문을 품고 살지는 않는다. 하지만 인생의 어떤 갈림길에서는 반드시 이 질문과 마주하게 된다. 피로골절을 겪고 난 뒤 나는 내 몸을 더 아끼고 삶의 속도를 돌아보게 되었다. 단순한 사건을 넘어서 그 경험이 나에게 남긴 의미를 탐구하게 되었다.

"삶이 우리에게 기대하는 것이 무엇인지 묻는 대신, 우리가 삶에 기대하는 것이 무엇인지 스스로 물어야 한다"라는 빅터 플랭클의 말처럼 진짜 의미 있는 글은 나에게 던지는 근본적인 질문에서 시작한다. 그리고 질문이 깊을수록 글도 깊어진다. 의미 있는 글은 남에게 보여 주기 위한 글이 아니다. 스스로를 위해 쓰는 글, 나를 있는 그대로 표현하는 글이 되어야 한다.

남을 의식하는 순간, 글은 의미를 잃는다. 솔직한 글이 불러올 파장에 대한 걱정은 그 글을 발표할지 말지의 문제일 뿐, 글을 쓰는 순간에는 고민할 필요가 없다. 글을 쓸 때는 감정을 숨기지 말고 있는 그대로 표현해야 한다. 그래야 강한 울림을 갖는다. 진짜 의미 있는 글은 지금의 감정만을 담는 것이 아니라, 시간이 지나도 스스로에게 의미를 남기는 글이다.

나는 오늘도 하루를 보냈다. 특별할 것 없는 하루였지만, 문득 하늘을 올려다보니 구름이 참 예뻤다. 그렇게 작은 순간이 쌓여서, 내 인생이 만들어지고 있다.

이런 글은 단순한 일기처럼 보일 수 있다. 하지만 시간이 지나 다시 읽으면 평범한 순간들이 얼마나 소중한지 깨닫게 된다. 우리는 매일 하루를 살아가지만, 결국 그 하루가 모여 나를 만드는 것과 같다.

잘 쓰려고 하지 않아도 된다. 중요한 것은 글이 나를 위한 것이어야 한다는 점이다. 남을 위해 꾸미는 글이 아니라 내가 진짜로 하고 싶은 이야기, 감춰진 감정을 발견하는 글을 써야 한다. 결국, 진짜 의미 있는 글은 '나'와 마주하는 글이다. 그렇게 써야 글이 오래 남고, 나를 성장하게 만든다.

자세하게 관찰해야
하는 이유

창조적 기억의 서사적 성격으로
우리는 삶의 과정을 긍정적으로 체험하게 된다.

_게오르크 루카치

문방사우 가운데 하나인 연적은 물을 담는 용도로 사용한다. 동물 모양을 본떠 만든 연적도 많은데 원숭이, 오리, 원앙 등이 있다. 그 가운데 고려시대 즈음 만들어진 것으로 추정하는 '청자 원앙형 연적(靑磁鴛鴦形硯滴)'이 있다. 이 연적은 수컷 원앙이 물을 차고 날아오르기 직전의 역동적인 몸짓을 생생하게 형상화한 것이 특징이다. 회청색 태토(胎土)를 바탕으로 형성된 품위 있는 청자색과, 원앙의 생동감 넘치는 표현이 어우러져 높은 평가를 받는다. 도공의 섬세한 손길이 고스란히 전해진다.

이러한 작품이 단번에 완성되었을 리 없다. 원앙의 움직임을 정확히 포착하기 위해, 도공은 분명 관심을 가지고 관찰하며 끊임없이 연구했을 것이다. 원앙이 물 위에서 움직이는 모습, 날아오르는 찰나의 순간을 흙으로 빚기 위해 날마다 원앙을 보고 또 보고, 직접 그림으로도 그려 보고, 손으로 형태도 익혀 보았을 것이다.

글을 쓰는 과정에서도 이와 같은 태도가 중요하다. 우선 관심이 있어야 한다. 관심을 가지지 않으면 아무것도 제대로 보이지 않는다. 무심코 지나치는 작은 요소들도 우리가 관심을 두기 시작해야 비로소 의미 있는 정보로 다가온다. 관심은 단순한 흥미가 아니라 대상을 더 깊이 알고자 하는 의지이기도 하다. 관심은 관찰의 시작이다. 관심이 없으면 아무리 보려고 해도 본질을 파악할 수 없다. 마음이 향한 곳에서 의미를 찾아야 한다.

글을 쓸 때도 자신이 관심을 갖는 주제여야 자연스럽게 쓰고 싶은 마음이 생긴다. 주제에 관심이 없다면 탐구할 수 없고, 결국 전달하고자 하는 메시지도 흐려진다. 자기가 중요하게 생각하는 일부터 써 보자. 삶을 들여다보며 풀어내는 글에서 살아 있는 말이 나온다. 단순한 사실을 나열하는 것이 아니라, 관찰을 통해 새로운 시각을 발견하고, 그 속에서 의미를 찾아야 한다.

관찰은 대상, 상황, 행동을 세심히 살피는 과정이다. 감각을 통해 보고, 듣고, 느끼는 모든 것이 관찰의 대상이 된다. 생각 없이 보는 것이 아니라, 대상을 주의 깊게 분석하고 특징을 인식해야 한다. 관찰 없이는 보이지 않는 것들이 많으며, 깊이 있는 해석도 어렵다. 생각은 살아온 사회나 가정의 간섭을 받으면서 형성된다. 그러나 감각은 온전히 자기 것이다.

이어서, 어떠한 경험이 의미 있으려면 반드시 표현이 뒤따라야 한다. 미하일 바흐친은《말의 미학》에서 "표현이 경험을 조직한다"라고 말했다. 즉, 경험은 표현을 통해 정리되고 의미를 가진다는 것이다. 예를 들어, 많은 사람이 여행을 다녀온 뒤 SNS에 사진과 글을 올린다. 이때 단순한 여행 경험이 아니라, 그 경험을 어떻게 기록하고 해석하느냐에 따라 의미가 달라진다. 표현하는 과정에서 경험이 단순한 사건을 넘어 새로운 의미로 확장되는 것이다.

스포츠 중계도 마찬가지다. 축구 경기에서 해설자가 "역사적인 순간"이라고 표현하면, 시청자는 해당 장면을 더 의미 있게 기억하게 된다. 문학 작품의 경우는 같은 사건이라도 작가의 표현 방식에 따라 독자가 느끼는 감정이 달라진다. 슬픈 장면이 더 감동적으로 느껴지는 것은 작가의 표현력이 경험을 형성하기 때문이다.

관찰로 창조한다

관찰을 잘하려면 기존의 상투적인 표현에서 벗어나야 한다.

예를 들어, "사랑은 불꽃이다"와 같은 익숙한 표현보다는 "그날 오후, 뜨거운 햇살 아래서 그는 가만히 손을 잡았다. 후끈 뜨거웠다. 손바닥에는 땀이 맺혀 있었지만 그래도 나는 그의 손을 놓고 싶지 않았다"라고 구체적으로 표현하면 훨씬 생동감 있는 묘사가 된다.

관찰하는 만큼 보이고, 본 만큼 쓸 수 있다. 관찰을 하면서 본 것을 본 그대로 글로 옮겨 쓴다. 이것을 '묘사'라 한다. 누구나 할 수 있다. 과거 경험에만 의존하다가 소재 찾기가 어려우면, 현재에 집중해서 지금 일어나고 있는 일에서 소재를 찾아내 그대로 글로 적으면 된다. 이렇게 하면 새로운 글감이 무궁무진하다.

우리가 무언가를 관찰할 때는 항상 특정한 의도나 목적이 있다. 우리가 진실이라고 믿는 것들도 사실 목적성을 띤 관찰을 통해 얻은 단편적인 정보들이다. 이런 파편들을 모아 하나의 글로 만드는 과정은 필연적으로 개인의 주관이 개입될 수밖에 없다. 뉴스 리포팅이나 역사 기록과 같이 객관성을 추구하는 글쓰기조차도 주관성에서 완전히 자유로울 수는 없다. 더군다나 칼럼처럼 저자의 개인적인 견해가 뚜렷이 드러나는 글에서 객관성과 중립성을 내세우는 자세는 매우 모순적이고 의미 없는 일이다. 자신의 주관성을 인정하는 것이야말로 더 진실된 소통의 시작점이 될 수 있다.

관찰의 마지막 단계는 없던 세상을 창조하는 단계이다. 이것은 시나 소설 같은 문학에서 더욱 필요한 눈이다.

덫에 걸린 채
얼음을 핥고 있는
목마른 생쥐

_마쓰오 바쇼의 하이쿠

이 하이쿠는 관찰을 하면서 적은 것으로, 짧은 단상이지만 많은 것을 생각하게 한다. 살아 보려고 발버둥을 치는 생쥐 한 마리가 한 컷의 사진처럼 선명하게 들어온다. 살고자 하는 생명체의 노력이 눈물겹기까지 하다. 하지만 시인은 감정이입을 하지 않고 딱 하나의 장면만 보여 주고 만다. 단순한 묘사이지만, 그 안에 생명의 투쟁과 필연적인 운명이 함축되어 있다. 또한, 시인의 관찰력이 독자의 상상력까지 끌어내는 것이다.

관찰은 글쓰기와 창의력을 자극하는 핵심 요소다. 소설가 헨리 제임스는 〈소설의 예술(The Art of Fiction)〉에서 "아무것도 놓치지 않는 사람이 되라"라고 했다. 제임스는 글 쓰는 사람의 관찰력과 감수성을 강조하며, 세상의 모든 경험과 인상을 놓치지 말고 받아들이라고 말한다. 그러면서 일상에서 얻는 모든 인상을 글쓰기의 재료로 삼아야 한다고 주장한다.

관찰을 통해 얻은 구체적 사실(디테일)은 글을 풍성하게 하고 독자에게 생생한 느낌을 전달한다. 관찰 훈련을 받은 학생들은 확실히 더 구체적이고 설득력 있는 글을 썼다. 글쓰기 수업에서 발표되었던 다음 예시를 한번 보자.

강의실에서 본 창밖

강의실에서 밖을 보니 하얗게 눈이 온다. 눈이 내려서인지 창밖은 하얀 물감으로 칠한 듯 새하얗다. 앞에 보이는 소나무에는 소복이 눈이 쌓여 있다. 아스팔트의 땅은 눈이 왔다 녹아서 까맣게 섞여 있다. 저 건너편 체육관의 지붕은 마치 산봉우리인 양 눈에 덮여 있다. 주차해 놓은 차들은 마치 책을 정리해 놓은 것처럼 정렬되어 있다.

관찰을 통해 얻은 생생한 디테일과 감각적 경험은 독자의 마음을 울릴 '살아 있는 문장'의 밑거름이 된다.

일상에서의 관찰력 훈련 연습법

관찰은 단순히 보는 것이 아니라 평소에 무심히 지나쳤던 장면들을 감각적으로 인지하고 기록하는 일이다. 관찰력이 깊어지면 평범한 일상도 색다른 이야기의 씨앗이 된다.

관찰을 잘하려면 감각을 열어 두는 연습부터 시작하라. 눈에 보이는 것뿐만 아니라 귀로 듣는 소리, 코로 맡는 냄새, 피부로 느끼는 온도, 손끝의 촉감까지 모든 감각을 동원한다. 예를 들어, 평소 걷던 길에서 낯익은 나무를 바라볼 때 그 나무의 높이, 가지의 방향, 바람에 흔들리는 소리까지 주의 깊게 살펴본다. 같은 장소라도 시간대나 계절에 따라 다른 모습을 기록하면 관찰의 감각은 더 풍부해진다.

메모는 이 관찰의 결과물을 놓치지 않게 돕는다. 꼭 완벽한 문장으로 기록할 필요는 없다. 단어 하나, 이미지 하나, 소리 하나만으로도 충분하다. 예를 들어, 벤치에 앉아 지나가는 사람을 보며 '회색 코트를 입은 노인, 느린 걸음, 손에 들린 꽃다발'이라든지, 카페에서 '커피 내리는 소리, 뜨거운 김, 옆 테이블 웃음소리'처럼 감각적인 단서들을 적어 둔다. 아래 예시를 한번 따라 해 보길 바란다.

관찰력 훈련 미션

- ☐ 하루에 한 번, 3분간 주변을 관찰하고 5개의 감각적 단어를 메모하기
- ☐ 출근길, 동네, 카페 등 정해진 장소에서 같은 장면을 아침과 저녁으로 기록하기
- ☐ 평소와 다른 길로 산책하며 눈에 띄는 풍경이나 사람들을 관찰하고, 짧은 메모글로 남기기

관찰 메모는 일종의 소재 노트가 된다. 나중에 글을 쓰다가 영감을 잃었을 때 이 메모를 꺼내어 보면 잊고 지냈던 장면이 다시 살아난다. 나만의 이야기를 쓰는 힘은 결국 이렇게 작은 순간을 포착하고 글로 연결하는 데서 비롯된다.

또한, 관찰은 시선을 멈추게 한다. 일상을 바쁘게 지나치지 않고 잠깐 멈추어 천천히 바라보는 것, 그것만으로도 삶의 풍경이 달라지고 글의 깊이가 달라진다. 그래서 관찰은 곧 나를 돌아보는 연습이자, 세상을 새롭게 발견하는 기술이다.

기억은
어떻게 끌어내는가?

**기억을 증진시키는 가장 좋은 약은
감탄하는 것이다.**

_탈무드

회상(回想)은 일반적으로 과거의 기억을 다시 떠올리는 행위를 뜻한다. 심리학적 관점에서는 '뇌에 저장된 정보를 의식적으로 인출하는 기억 과정'이라고 정의한다. 이는 어떠한 단서가 없어도 기억 속 정보를 떠올리는 능력이되 회상의 일종이다.

예를 들어, 단답형 문제는 기억을 떠올리도록 유도하는 회상(recall) 방식이고, 객관식 문제는 이미 떠오른 기억 중 정답을 확인하는 과정에 가깝다. 회상은 이렇게 저장한 경험을 끄집어내어 지금 말하거나 생각할 때 활용하도록 한다. 하지만 때때로 기억을 재생하지 못해 "저기 그 그거, 이름이 뭐지?" 하는 설단 현상(舌端現象, 말이 나올 듯 나올 듯 혀끝에 맴도는 현상)을 경험하기도 한다.

인간이 자기 삶을 통일성 있게 인식할 수 있는 것은 회상할 수 있기 때문이다. 자기표현적 글쓰기는 대부분이 자기가 과거에 겪은 일을 그 이후 시점에서 표현하는 글쓰기다. 자기가 기억한 체험을 떠올리면서 글을 쓰는데, 기억은 떠올리는 상황에 따라 다르게 재구성된다. 같은 사안이라도 사람마다 불러낸 기억의 내용이 다르다. 그래서 어느 노래 가사 중에는 '추억은 다르게 적힌다'라는 구절도 있다. 이 얼마나 정확한 말인가!

어떤 지점을 회상하는가 하는 것도 문제를 좌우한다. 회상하며 글을 쓸 때 중요한 것은 기억을 재구성하는 과정에서 어떤 시점을 선택하는가이다. 같은 사건이라도 어느 시점에서 회상하느냐에 따라 서술 방식과 의미가 달라진다. 어린 시절 경험을 20대에 회상하는 것과 50대에 회상하는 것은 다르다. 시간이 지날수록 경험에 대한 해석이 달라지고, 당시에는 인식하지 못했던 요소들이 새롭게 보이곤 한다.

기억은 단순한 재현이 아니라, 현재의 시각과 감정이 개입된 창조적 과정이다. 그렇기에 글을 쓰는 사람은 과거를 재구성하면서도 기억의 왜곡 가능성을 인식하고 글의 목적에 맞는 균형 잡힌 시각을 유지해야 한다. 예를 들어, 사건을 지나치게 미화하거나 극적으로 표현하면 독자의 신뢰를 얻기 어렵고, 반대로 자신의 입장에서만 해석하면 과거의 의미를 협소하게 만들 수 있다.

회상의 깊이와 방식은 글의 성격에 따라 달라진다. 단순한 기록적 글쓰기는 당시의 감정과 사건을 객관적으로 정리하는 데 초점을 맞추고, 성찰적 글쓰기는 과거의 경험이 현재의 나에게 어떤 의미를 갖는지 탐구한다. 이때에는 자기감정에만 매몰되지 않고, 독자에게 의미 있는 통찰을 전하는 것이 중요하다.

회상은 과거의 의미 있는 경험을 되돌아보는 행위로, 정상적인 '생애 회고 과정(life review process)'에서 갖는 보편적이고 발전적인 일이다. 사람들은 단순히 가벼운 이야기를 나누기 위해서일 뿐 아니라, 과거 사실을 확인하고 자기정체감을 찾는 과정에서도 회상을 한다. 회상은 감정의 갈등을 해결하기보다는 과거를 재구성하고 재조직화하는 데 의미가 있다.

우리가 과거의 일을 글로 쓴다고 해도 과거에 있었던 일을 그대로 옮기는 것은 아니다. 글쓰기는 과거의 경험을 현재의 시선으로 재구성해 쓰는 과정이다. 이 과정은 스토리의 시간(체험시)과 서술의 시간(표현시) 사이에 불일치를 만들어 내며, 서술이 현재에서 과거로 후퇴하는 구조를 형성한다.

글을 쓰는 현재의 나는 과거의 사건을 겪은 나와 다르며, 시간과 공간의 변화 속에서 사건을 다시 바라보게 된다. 따라서 '그때의 경험'은 글쓰기에서 필수적인 단서가 되며, 글은 과거의 사실을 재현하는 동시에 그 체험을 '현재의 시선'으로 해석하는 방식으로 완성된다.

과거의 사실을 현재의 시선으로 해석하는 방식

과거의 사실을 현재의 시선으로 쓰다 보면 종종 후회나 반성이 담기곤 한다. 이는 글에서 성찰로 드러나며, 삶의 태도 면에서는 긍정적이다. 그러나 성찰적 시각은 때로는 사건을 생생하게 표현하는 데 방해가 될 수도 있다. 반성이나 성찰로 이어지기 전에 과거의 일을 있는 그대로 묘사하는 것이 더 중요할 때도 있다. 다음 예시를 보자.

가장 후회되는 일

아들이 친구인 몽룡이, 춘향이와 우연히 교실에 남게 되었다. 몽룡이와 춘향이는 서로 사귀는 사이였다. 이 둘에게 아들이 뽀뽀해 보라며 부추겨, 서로의 볼에 살짝 뽀뽀를 하게 되었다. 춘향이가 다른 곳에서 이 일을 자랑했는데, 그 말을 듣던 몽룡이의 전 여자 친구가 질투를 하며 춘향이를 때렸다. 결국 교내 폭력 사건이 되었다.

선생님들이 이 사건을 수사하다 보니 그 꼭짓점에 우리 아들이 있었다. 학교에 불려가 사유서를 쓰면서 이번 일로 제재를 당하면 어쩌나 하는 걱정과, 한편으로는 공부는 안 하고 말썽이나 부리고 다니냐는 괘씸함이 한꺼번에 밀려왔다. 집에 돌아온 아들을 혼내며 '사랑의 매'를 댔다. 다시는 그런 짓을 하지 않기를 바라는 마음이었다.

20여 년이 지난 지금 생각해 보면 가장 후회되는 일이다. 사춘기 호기심으로 그럴 수도 있는 일인데 야단치고 훈계하려고만 했다. 물론 교내 폭력은 잘못된 일이지만 자기가 폭행에 직접 연루된 것도 아닌데 아이는 얼마나 억울했을까? 후회스럽기 짝이 없다.

학교에서나 집에서나 자기 마음이나 형편을 알아주는 사람이 하나도 없으니 얼마나 답답하고 외로웠을까 생각하면 지금도 가슴이 저민다. 그때 그게 사랑의 매였을까? 아니다. 감정의 몽둥이였을 뿐이다. 그후 아이의 마음이나 형편 알아주기는 내 평생의 숙제가 되었다.

이 글은 솔직하고 진솔한 자기 고백을 담고 있다. 자신의 모습을 비판하고 당시의 행동에 대한 후회와 반성을 여과 없이 드러낸다. 시간의 흐름에 따른 성찰과 깨달음이 드러난다. 사건이 발생한 20여 년 전 시점과 지금의 시점을 명확히 대비하고 있다. 과거의 자신은 사건의 본질을 깨닫지 못하고 아들을 문초하고 '사랑의 매'를 들었지만 현재의 자신의 그것이 '감정의 몽둥이'였음을 깨닫는다. 아주 개인적인 경험을 다루고 있지만 그 속에 담긴 메시지는 보편적인 울림을 준다. 이것이 솔직함과 깊은 성찰로 독자에게 감동과 깨달음을 선사하는 회상적 글쓰기의 한 예다.

시간이 오래될수록 기억도 희미해진다. '가장 후회되는 일'처럼 세월이 흘러도 기억이 또렷한 일이 있기는 하지만, 대부분의 것은 기억하기 어렵다. 그래서 쓸 게 없다는 생각이 또 떠오른다. 이럴 때 시간의 거리가 주는 한계를 극복하는 방법으로 가장 좋은 것은 방금 겪은 일을 쓰는 것이다. 일 년 전에 있었던 일보다 한 달 전에, 아니 더 가까운 어제나 오늘 겪은 일을 쓰는 것이 더 좋다.

좋은 글쓰기는 가장 현실과 가까운 상황에서 이루어져야 한다. 그리고 어느 자리에서 어떻게 있었던 일이든 자연스럽게 쓰기로 이어질 수 있어야 한다. 이것이 태도로 형성되어야 평생을 두고 글을 쓸 수 있다. 그저 과거를 떠올리라는 것만으로는 과거의 경험에 쉽게 접근하기 어렵다. 글을 쓰기 전에 회상을 좀 더 선명하게 하는 방법들을 알고 있으면 좋다. 예를 들어, 시간을 쪼개 보는 것은 과거는 이미 지나갔지만 지금 현재의 자리에서 이를 다시 겪어 볼 수 있도록 하는 좋은 방법이다. '하루'라면 아침, 점심, 저녁과 같이 시간을 나누어 기억해 보면 훨씬 쉽게 기억할 수 있고, 이는 글을 적을 때에도 그대로 적용할 수 있다.

소설 같은 창작 글에서도 회상은 중요한 역할을 한다. 많은 소설에서 주인공이 자신의 과거를 돌아보며 이야기를 전개하거나, 이야기 중간에 과거의 장면을 되살려 보여 주는 기법을 사용한다. 이런 방법은 독자가 주인공의 과거 경험을 통해 현재의 모습과 행동을 이해하는 데 도움을 준다. 예를 들어, 신경숙 작가의 《외딴방》은 자신이 젊었던 시절의 이야기를 솔직하게 풀며 내면의 생각을 담아내는 방식으로 깊은 감동을 주는 글이라 평가된다. 이렇게 회상을 담은 글은 단순한 이야기 전달을 넘어 글쓴이의 생각과 성찰이 담겼기에 글에 깊이와 생생함을 더하는 힘이 있다.

긍정적인 방식으로 자신의 과거 업적이나 경험을 회고하면 자아존중감 유지와 정체감 강화에 도움이 된다. 치매 환자를 보면 알 수 있듯이 회상 능력은 곧 자아의 연속성과 맞닿아 있다. 요컨대 인간은 기억하고 회상하는 존재이며, 회상을 통해 과거-현재-미래를 잇는 자기 자신만의 이야기를 써 나갈 수 있는 존재다.

회상적 글쓰기는 과거와 현재를 연결하는 다리 역할을 한다. 과거를 반복해서 나열하는 것이 아니라, 과거를 현재의 시점에서 새롭게 해석하며 의미를 부여하는 과정이다. 따라서 글을 쓰는 사람은 단순한 사건의 재현이 아니라, 과거의 경험을 통해 무엇을 배웠으며 어떻게 변화했는지를 드러내야 한다.

결국, 좋은 회상적 글쓰기는 개인적인 경험을 넘어 보편적인 공감을 이끌어 내는 글이다. 나의 과거 경험을 진솔하게 풀어내되, 그것이 독자에게도 의미 있는 이야기로 전달되도록 구조를 고민해야 한다. 이를 위해서는 체험 당시의 생생한 감각을 살리면서도 현재의 시선으로 재해석하는 균형 감각이 필요하다.

기억을 끌어내는 질문들

　글은 과거의 기억을 불러와 다시 살아나게 하는 힘을 가지고 있다. 회상 글쓰기는 단순한 추억의 나열이 아니라, 그때의 감각과 감정, 생각까지 되살려 글로 엮어 내는 작업이다. 하지만 막상 쓰려고 하면, 머릿속이 하얘져버리거나 어디서부터 시작할지 막막해지기 마련이다.

　그럴 때 질문이 필요하다. 질문은 기억을 깨우는 열쇠이기 때문이다. 다음은 그런 열쇠가 되어 줄 질문들이다. 한 번에 모든 답을 찾을 필요는 없다. 마음에 닿는 질문 하나를 붙잡고, 그 기억의 조각을 곱씹어 보는 것부터 시작하면 된다.

- 가장 최근에 울었던 순간은 언제였을까?
- 어릴 적 가장 좋아했던 물건은 무엇이고, 지금 어디에 있을까?
- 가장 좋아하는 냄새는 무엇이고, 그 냄새를 맡으면 떠오르는 기억이 있을까?
- 가장 행복했던 식사는 언제였을까? 누구와 무슨 대화를 나눴을까?
- 누군가와 이별했던 순간, 나는 어떤 말을 하고 싶었을까?

- 첫 월급을 탔던 날 무엇을 샀을까? 그 물건을 고를 때의 기분은?
- 어느 날 우연히 길거리에서 본 장면 중 기억에 남는 것은?
- 어릴 적 좋아하던 장소는 어디였을까? 그곳의 색깔과 소리, 냄새는 어땠을까?
- 삶에서 가장 큰 깨달음을 준 사건은 무엇이었을까? 그때 나는 어떤 사람이었을까?
- 누군가에게 하지 못한 말이 있다면, 그 말은 무엇일까?

질문들 가운데 하나를 골라 한 줄 메모부터 시작해 보자. 여러 번의 시도로 점점 더 깊은 기억으로 다가갈 수 있다. 쓰다 보면 "아, 맞다!" 하고 다시 떠오르는 것들이 생긴다. 그것이 글의 시작이다.

다만 이 질문들은 단순한 기억이 아니라, 그 안에 담긴 감정과 관계, 그리고 변화의 순간까지 불러올 것들이다. 글은 그때의 냄새, 소리, 표정, 빛깔, 손끝의 감촉까지 담아내면 더욱 살아난다. 그리고 무엇보다, 그때 나는 어떤 사람이었는지를 곱씹는 것이 중요하다. 회상은 나를 더 깊이 이해하게 하고, 글에 온기를 불어넣는다. 과거의 나는 지금의 나를 만들어 준 씨앗이다. 그 씨앗에 물을 주듯, 그때의 기억을 다시 꺼내어 써 보자.

멀리서 봐야
한눈에 보인다

밖을 바라보는 자는 꿈꾸고,
안을 바라보는 자는 깨어난다.

_칼 구스타프 융

자기가 겪은 일을 글로 쓰는 일은 매우 개인적인 활동처럼 보인다. 그러나 글을 쓰는 순간부터 그것은 나만의 것이 아니라, 다른 사람과 공유될 수 있는 공적인 행위로 변한다. 혼자 쓰고 혼자 읽는 일기와 달리, 누군가가 읽게 될 글은 나의 생각과 감정을 넘어 다른 이의 해석과 평가를 받아야 한다. 그래서 글을 쓰는 사람은 자연스럽게 자신의 생각이 타인에게 어떻게 비추어질지 염두에 두게 된다. 이 때문에 글을 쓸 때는 대상과 사건을 평가하고 해석하며, 자신만의 신념과 가치관을 드러내게 된다. 자신을 포함한 경험과 감정을 한 걸음 물러나 바라보는 태도, 그것이 바로 비판적 거리두기다.

예를 들어 과거의 갈등 상황을 떠올리며 글을 쓸 때, 당시에는 상대방이 잘못했다고 굳게 믿었을 수도 있다. 하지만 글을 쓰는 동안 감정의 소용돌이에서 벗어나 조금 더 넓은 시야로 사건을 있는 그대로 바라보게 된다. 이런 연습을 통해, 당시의 감정에 휩싸이지 않고 보다 보면 그 사건의 다른 측면을 발견하게 된다. 감정을 내려놓고 한 걸음 떨어진 위치에서 경험을 바라보는 태도는 글의 진정성을 높이고, 읽는 사람에게 더 깊은 공감을 불러일으킨다.

이때 중요한 것은 '글 쓰는 나'와 '글에 담기는 나'를 구분하는 능력이다. 지금의 나에서 한걸음 물러나 그때 사건을 겪었던 나를 관찰자처럼 바라보는 자세를 가져야 한다. 억울함 같은 감정에 사로잡혀 있으면 사건의 전체적인 흐름을 보지 못하고, 전달되는 의미도 제한된다. 관찰자의 시선으로 자신을 바라보며, 냉정하고 차근차근 사건의 흐름을 되짚는 연습이 필요하다.

거리두기는 단순히 글쓰기 기술의 문제가 아니다. 감정에 빠지지 않고 자신을 관찰자처럼 바라보는 훈련은 용기가 있어야 하며, 자기 이해를 위한 정신적 성장의 과정이기도 하다. 좋은 글은 과거의 나와 현재의 나 사이에 거리를 두고, 그 안에서 깨달음과 성장을 담아낸다. 글은 단순히 사건을 나열하는 데 그치지 않고, 그 사건이 어떤 의미가 있는지를 진솔하게 보여 주어야 공감과 감동을 살 수 있다.

물론 일상은 항상 감동적이거나 특별한 사건으로만 이루어지지 않는다. 때로는 그냥 지나친 길가의 풍경, 친구와 나눈 사소한 대화, 또는 혼잣말처럼 내뱉은 생각들이 글의 소재가 되기도 한다. 예를 들어, 평소 출퇴근길에 보던 오래된 나무가 계절에 따라 조금씩 다른 색을 보여 주고, 그 모습에서 나도 모르게 지난 시절을 떠올리게 되는 순간이 있다. 또는 친구와의 짧은 전화 통화 중에 들은 고민 한마디가 내 삶을 돌아보는 계기가 되기도 한다.

이렇듯 일상에서 건져 올린 평범한 경험도 글로 써 내려가면서 나의 이야기로 정리하다 보면 작은 깨달음이나 감정을 담아낼 수 있다. 그저 지나가는 일상의 장면도 글을 통해 나만의 상징적인 이야기로 되살릴 수 있다. 글쓰기는 그런 순간들을 붙잡아 마음에 새기고, 의미를 발견하고, 나만의 이야기를 만들어 가는 과정이기도 하다. 글을 통해 삶을 돌아보고 그 안에서 의미와 감동을 발견하려는 마음가짐이야말로 글쓰기를 삶과 연결하는 힘이 된다.

그러나 아무리 깊이 있는 성찰을 담았다고 해도, 읽는 사람이 이해하기 어려운 글은 의미를 잃는다. 사람들은 정보를 처리할 때 가능한 한 쉽게 이해하고자 한다. 이런 경향을 '인지적 구두쇠'라고 한다. 사람들이 스마트폰을 고를 때 모든 사양을 꼼꼼히 분석하기보다 브랜드나 가격만 보고 결정하듯, 글을 읽을 때도 쉽고 명확한 글을 선호한다는 개념이다. 그러므로 글을 쓸 때는 감정에서 거리를 두고 깊은 사고를 유지하면서도 명확하고 간결한 언어로 읽는 이가 공감하게 써야 한다. 복잡하고 어려운 문장이나 개념만 늘어놓는 것은 독자의 관심을 잃게 할 수 있다.

감정에서 거리를 두고 쓰다 보면 점점 성찰적 글쓰기로 나아가게 된다. 거리두기는 단순히 자신과의 감정적 분리를 넘어, 자신의 경험과 사건을 객관화하고 깊이 들여다보는 힘을 길러 준다. 이 과정은 단순한 회상이 아니라 자신을 이해하고 성장하게 만드는 과정이다. 글을 쓰면서 자기 자신과 마주하고, 나의 경험을 곱씹으며 깨달음을 얻고, 그것을 글로 풀어내는 것! 그것이 바로 성찰적 글쓰다.

성찰적 글쓰기는 과거의 경험을 현재의 시선으로 돌아보고, 그 안에서 새로운 의미를 찾아내는 과정이다. 이를 위해서는 감정에만 치우치지 않고 비판적 거리를 유지하며 자신을 객관적으로 바라보는 태도가 필요하다. 그리고 아무리 깊은 성찰을 담아도 누구나 이해하도록 명확하게 표현해야 그 의미가 제대로 전달된다.

거리두기와 성찰적 글쓰기는 서로 다른 것이 아니라, 글쓰기를 통해 자신을 이해하고 삶의 의미를 발견해 나가는 한 가지 길의 두 얼굴이다. 글을 쓰는 동안 나는 나와 대화하고, 그 대화를 통해 조금 더 성숙한 나로 나아간다.

내 글에 내가 피드백 달기

글쓰기는 끝난 순간부터 다시 시작된다. 쓰고 나서 완성이라고 믿었던 글도 며칠 뒤에 다시 읽어 보면 어딘가 어색하거나 놓친 부분이 눈에 들어온다. 그것이 바로 성찰의 시작이다.

스스로 쓴 글을 다시 읽고 피드백을 달아 보는 연습은 글을 더 깊게 하고 나를 더 잘 이해하게 한다. 단순히 잘못을 찾는 작업이 아니라, 글 속의 나를 돌아보고 다음 글로 나아가기 위한 성찰의 과정이다. 다음은 스스로 피드백을 달아 보는 방법이다.

1. 시간을 두고 다시 읽는다

글을 쓰자마자 바로 읽으면, 내가 쓴 문장에 익숙해져 무뎌진다. 하루, 이틀, 또는 더 긴 시간을 두고 글과 거리를 둔 뒤에 다시 읽어 보자. 신선한 시선으로 글을 보면 글의 결이나 흐름이 더 분명하게 보인다.

2. 감정으로 읽지 말고, 독자가 되어 읽는다

내가 쓴 글이라는 애착을 내려놓고, 독자가 된 마음으로 읽는다. 첫 문장이 눈을 끌었는지, 글의 흐름이 자연스러운지, 어느 부분에서 집중이 끊어졌는지, 마지막 문장이 여운을 주는지… 이런 질문을 스스로에게 던지며 읽어 보자.

3. 나만의 체크리스트를 만들어 본다

☐ 주제는 명확한가?
☐ 군더더기 표현이나 장황한 부분은 없는가?
☐ 구체적인 이미지나 감각적 요소가 들어갔는가?
☐ 문장과 문단의 연결이 자연스러운가?
☐ 글을 읽고 감정이 전달되었는가?

이 체크리스트를 곁에 두고, 내 글에 직접 주석을 달듯 표시하거나 메모를 추가해 보자. 글 한 편당 세 가지 개선점 찾기를 목표로 하면 부담 없이 시작할 수 있다.

4. 문장을 소리 내어 읽어 본다

눈으로 읽을 때는 지나치기 쉬운 어색함이 소리로는 바로 들린다. 소리 내어 읽어 보면 리듬이 끊기는 부분, 지나치게 긴 문장, 반복되는 어휘를 발견할 수 있다.

5. 좋은 글과 비교해 본다

마음에 드는 글 한 편을 옆에 두고 내 글과 비교해 본다. 표현의 밀도, 리듬, 묘사법 등을 관찰하고 나의 글에 적용할 점을 생각해 보자. 단, 비교는 나를 낮추기 위해서가 아니라, 배움의 기회로 삼아야 한다.

스스로 하는 피드백은 성장의 디딤돌이 된다. 자신의 글을 점검하고 스스로 피드백을 달아 보는 훈련은 글쓰기의 단단한 기초를 만들어 주기 때문이다. 내 글을 돌아보는 습관은 다음 글을 더 나아지게 하는 힘이다.

글을 쓴다는 것은 결국, 나를 이해하고 나를 성장시키는 일이다. 다음 글을 쓸 때 더 나은 나로 나아가기 위해 오늘의 글에 손을 얹어 보자. 작은 메모 하나라도 좋다. 그 메모가 다음 문장을 더 깊고 단단하게 만들어 줄 것이다.

'나'를
뭐라고 쓸 것인가?

작가가 가장 먼저 해야 할 일은 자신의 위치를 결정하는 것이다.
나는 어떤 입장에서 말하는가?

_존 맥피

글은 보통 주어와 술어로 이루어진다. 술어가 나타내는 상태나 동작의 주체가 되는 문장 성분을 주어라고 한다. 글을 쓸 때 동작의 주인은 글 쓰는 이다. 글 쓰는 이를 대체로 '나(제)', '우리' 또는 '필자'로 나타낸다. 글의 맥락에 따라서는 주어가 생략된 상태로 나타나기도 한다.

'나'라고 쓸 때

'나'라는 표현은 글쓴이의 개인적인 경험이나 생각을 강조하는 데 효과적이다. 개인의 성찰을 직접 전달하며, 독자로 하여금 그 경험에 더욱 공감하게 만든다. 독자와의 거리가 가까워 친밀감을 높여 준다. 그래서 블로그, 일기, 에세이처럼 개인의 이야기를 중심에 놓고 풀어가는 글쓰기에서 나를 사용하는 것은 자연스러운 선택이다. 이러한 글은 대개 가벼운 톤을 유지하며, 글쓴이와 읽는 이가 직접 소통한다. 이는 글의 논지를 강화하고, 독자에게 강한 인상을 남길 수 있다.

보통 주관이 많이 실린 글은 '나'라는 주어를, 객관성이 담보되어야 하는 글에서는 '필자'나 '기자', '연구자' 등으로 글 쓰는 자신을 표현한다. 그런데 여기서 주관과 객관 사이의 문제를 한 번쯤 짚고 넘어가야 할 필요가 있겠다.

"태양은 동쪽에서 뜬다"와 같이 개인의 의견이나 관점에 의존하지 않고 모두에게 동일하게 적용되는 객관적인 사실이 있다. 객관적인 진리는 개인의 주관적인 견해와 무관하게 실재한다고 말할 수 있겠다. 특히 과학 분야는 객관적인 지식을 추구한다. 실험과 검증을 통해 얻어진 과학적 사실은 주관적 견해와 독립적으로 존재하며, 이것은 객관적인 지식의 한 예로 간주된다.

그러나 니체는 "객관성은 없다. 모든 인식은 주관적 해석일 뿐"이라고 말했다. 객관성조차도 인간의 인식과 해석을 통해 드러나기 때문에 완벽하게 순수한 객관성을 주장하는 것은 어렵다는 뜻이다. 많은 경우에서 객관성과 주관성은 서로 얽혀 있으며, 우리가 객관적이라고 생각하는 것들도 결국 주관적 경험이나 관점에서 출발한다는 점을 염두에 두어야 한다.

여기에 한 가지 더 생각해 볼 점이 있다. 과연 우리가 글을 쓸 때, 주관과 객관을 완전히 나눌 수 있을까? 인류학자인 그레고리 베이트슨은 《정신과 자연》에서 "객관적 경험은 존재하지 않는다. 모든 경험은 주관적이다"라고 했다. 우리가 누군가에게 발을 밟혔을 때조차, 그 사실을 즉각적으로 있는 그대로 경험하는 것이 아니라 신경 보고를 통해 뇌가 재구성한 '이미지'를 경험한다고 설명한다. 결국, 외부의 경험도 우리의 감각과 인식을 거쳐 만들어진 주관적 이미지일 뿐이다.

이런 관점에서 보면 객관적인 글을 쓰겠다고 해서 무조건 나를 배제하고 필자라는 주어를 쓰는 것이 진정한 객관성을 담보해 주는 것은 아닐지도 모른다. 글을 쓰는 동안 나라는 주어를 쓰더라도, 글 속에서 감정을 내려놓고 한 걸음 물러나 관찰자처럼 바라보는 태도가 중요한 것이다. 객관성과 주관성은 무 자르듯이 나눌 수 있는 개념이 아니며, 우리의 글쓰기 역시 그 두 가지를 자연스럽게 아우를 수 있어야 한다.

베이트슨이 말한 것처럼, 우리의 경험은 감각과 인식을 통해 필연적으로 주관적인 요소를 포함할 수밖에 없다. 하지만 그렇다고 해서 객관적 접근이 불가능한 것은 아니다. 객관성은 '완전히 독립적인 절대적 개념'이 아니라, '다양한 주관적 관점들이 공통적으로 받아들여지는 과정'에서 형성되는 것으로 이해할 수 있다. 즉, 객관적 글쓰기란 주장을 논리적으로 정리하고, 개인적 감정을 배제하며, 합리적 근거를 기반으로 글을 구성하는 것이지, 반드시 3인칭 표현(필자)을 사용해야 하는 것은 아니다.

에세이처럼 글쓴이의 개성과 경험이 중요한 글에서는 나라는 주어를 활용하는 것이 독자와의 소통을 강화하는 데 유리하다.

"나는 이 연구를 진행하며, 기존 이론과 차이가 있음을 발견했다."
"나는 이 변화가 사회에 긍정적인 영향을 미칠 것이라고 생각한다."

이처럼 글의 성격과 목적에 따라 '나'와 '필자'를 적절히 선택하는 것이 중요하다.

'우리'라고 쓸 때

'우리'라는 말은 한국어에서 공동체 의식을 강조하는 대표적인 표현이다. '우리 가족', '우리 학교', '우리 회사', 심지어는 외동아들(딸)인 경우에도 '내 부모님'이라고 하지 않고 '우리 부모님'이라고 한다. 우리는 이 '우리' 속에서 연대감과 소속감을 느끼고 어떤 책임감까지 같이 공유한다.

한 강사가 강의 듣는 사람들에게 발표를 시킬 때 꼭 "자, 우리 선생님 말씀 한 번만 해 주세요."라면서 슬그머니 우리라는 말을 넣으면 더 많은 사람이 편안하게 발표를 하더라고 했다. 이렇듯 '우리'는 우리의 삶 속에 깊이 안착한 말이다.

글쓰기에서 주어인 우리는 글쓴이 자신과 독자를 포함한 공동체를 나타내는 데 효과적이다. 이는 독자와 유대감을 강화시켜 줄 뿐만 아니라 서로 공통의 목적이나 가치를 공유하고 있다는 인식을 심어 준다. 예를 들어, 환경보호에 관한 글에서 "우리는 환경보호를 위해 노력해야 한다"라고 한다면 독자에게 글쓴이와 같은 입장이라는 느낌을 주어 글의 설득력을 높일 수 있다. 이러한 문장은 독자가 글쓴이의 주장에 '나도 포함되는 대상'이라고 느끼게 만든다.

특히 사회적 문제, 공익적 가치, 공동체적 연대가 중요한 글에서 우리는 매우 강력한 역할을 한다. "우리는 가난한 이웃을 도와야 한다" 같은 문장은 독자가 글쓴이의 주장에 포함된다고 느끼게 만들며, 사회적 문제에 공동의 책임감을 부여한다.

그러나 우리라는 표현이 항상 긍정적인 역할만 하는 것은 아니다. 우리의 사용이 특정 집단을 배제하는 방식으로 작용할 수도 있기 때문이다. '농촌에 살고 있는 젊은 우리들', '우리 학생들은 이 문제에 민감하다' 같은 표현은 독자가 우리에 포함되지 않는다고 느낄 경우 오히려 소외감을 줄 수 있다. 즉, 우리를 사용할 때는 독자의 범위를 신중하게 설정해야 하며, 특정 집단을 배제하는 표현이 되지 않도록 주의해야 한다.

우리를 주어로 쓰려면 먼저 보편적인 가치와 연결해야 한다. 특정 집단이 아니라 모든 독자가 공감할 수 있는 표현을 사용해야 한다. "우리는 건강한 사회를 만들기 위해 노력해야 한다"라는 문장은 우리라는 주어를 통해, 특정 집단이 아니라 살아 있는 사람들 모두에게 보내는 보편적인 메시지로 쓸 수 있다. 우리라는 표현이 모호한 경우, 독자의 범위를 명확히 설정해야 한다. '우리 시민들은', '우리 연구자들은' 같은 표현은 명확한 범위를 설정해서 지칭하고 있다.

우리라는 주어는 글쓴이 자신과 독자를 포함한 공동체를 나타내며, 독자와의 유대감을 강화하는 역할을 한다. 특히 사회적 문제, 연대가 중요한 글에서 설득력을 높이는 데 활용된다. 설득이 필요한 글을 쓸 때 우리를 사용하면 독자가 글쓴이와 같은 입장에 서 있다는 느낌을 주어 공감과 동의를 이끌어내는 데 효과적이다. 보편적인 가치와 연결하고, 독자의 범위를 명확히 하며 배제 효과를 고려하도록 보완하면 우리가 가지는 긍정적인 역할뿐만 아니라, 오용될 가능성과 주의해야 할 점까지 균형 있게 다룰 수 있다.

'필자'라고 쓸 때

필자는 전통적인 글쓰기에서 자주 사용되어 온 주어다. 특히, 학술적 글쓰기나 논평에서는 관습처럼 사용된다. 논문, 기사, 보고서 등에서 글쓴이를 지칭할 때 주로 사용되며 이는 글의 격식을 유지하고 객관성을 유지하게 해 준다. 글쓴이의 연구 결과를 객관적으로 전달하면서도 글쓴이 개인의 의견보다는 연구나 분석의 결과를 전달하는 데 중점을 둔다. 학술 논문은 연구의 신뢰성을 높이기 위해 개인의 감정이나 의견을 배제하도록 요구한다.

필자가 가지는 장점도 많다. 필자는 논문, 보고서, 학술적 논평과 같이 공식적인 글쓰기에서 객관성을 강조할 때 유용하다. 특히 학문적 글쓰기에서 객관성을 유지하는 데 깃대가 될 수 있다. "필자는 본 연구를 통해 새로운 이론을 제시하고자 한다", "필자의 연구에 따르면, 사회적 연결망이 개인의 행복에 긍정적인 영향을 미친다" 같은 문장은 개인적인 주장이 아니라, 연구와 논거를 중심으로 객관적 사실을 전달하고 있음을 강조한다. 과학, 사회과학, 철학 등 학술적 글쓰기에서는 글쓴이의 개인적 감정을 배제하고, 연구 결과를 강조하는 것이 중요하다. 이때 필자라는 표현은 연구의 신뢰도를 높이고, 개인적인 느낌보다 객관적 분석을 부각시키는 데 도움이 된다.

둘째로는 공적 글쓰기에서 공식적 어조를 유지하는 데 도움이 된다. 보고서, 기사, 정책 문서 등에서도 글의 격식을 챙기고 공식적인 느낌을 주기 위해 필자를 사용할 수 있다. "필자는 이번 정책이 장기적으로 경제 성장에 기여할 것으로 예상한다"처럼 필자는 글쓴이가 공식적인 논의에 참여하고 있음을 나타내는 역할을 한다.

그러나 필자가 가지는 한계도 뚜렷하나. 필자라는 표현은 글쓴이의 입장을 명확하게 드러내는 것 같으면서도, 제3자인 척 얼굴을 감추고 자신의 글에 대해 책임을 피하고 있는 듯한 모습으로 비칠 수도 있다. 이 글은 홍길동 개인의 글이 아니라 이런 일에 전문지식이 있는 제3자인 누군가의 글이라는 식으로 보이는 것이다. 3인칭격 명사(필자, 기자, 저자) 속에 글쓴이가 묻히는 상황이라고나 할까?

아무리 객관적 자료를 바탕으로 내세우는 주장이라도 모든 주장의 주체는 '나'다. 특히 글쓴이의 의도나 배경을 명확히 드러내지 않고, 모호하게 표현하려는 의도로 필자가 사용되어서는 안 된다. 필자라는 표현은 쓰는 사람의 편의 위주이며 독자하고 친해지기 어렵다. 글쓴이의 권위나 명성이 없으면 오히려 부정적인 인상을 줄 수도 있다. 무엇보다 필자라는 낱말의 사용은 구태의연하며 고민 없이 글을 쓴다는 인상을 주기 십상이다. 과도하게 사용하면 불필요한 거리감을 조성하거나, 오히려 글의 신뢰성을 떨어뜨릴 수도 있다.

다음으로, 필자는 3인칭 표현이므로 글쓴이와 독자 간의 직접 소통에 방해가 되는 일이 많다.

"가장 살고 싶은 도시가 어딘가?"라는 물음에 많은 이가 뉴욕이라고 답한다. 금융가, 업무시설, 상가 등을 두루 갖췄기 때문일 것이다. 필자의 눈에는 뉴욕이 도시 기능을 다 하고 있지 못한 것 같다.

이 예시와 같은 문장은 글쓴이가 제3자인 척하며 자신의 의견을 돌려서 표현하는 느낌을 줄 수 있다. 이럴 때는 보다 명확한 표현으로 바꾸면 독자와의 거리가 줄어든다. 필자라는 말보다는 글의 맥락을 파악하여 문장을 수정해 주는 것이 더 좋다.

"가장 살고 싶은 도시가 어딘가?"라는 물음에 많은 이가 뉴욕이라고 답한다. 금융가, 업무시설, 상가 등을 두루 갖췄기 때문일 것이다. 그러나 뉴욕이 도시로서 최적화된 기능을 수행하고 있는지 의문이다.

이와 같이 글의 맥락을 살려 자연스럽게 수정하면 필자라는 표현 없이도 논지가 매끄럽게 전달된다.

마지막으로, 문체가 지나치게 딱딱해지기 쉽다. 학술 글쓰기나 보고서라고 해도 필자를 남용하면 문장이 불필요하게 딱딱해지고, 가독성이 떨어질 수 있다.

- 필자는 본 연구에서 다섯 가지 요인을 분석하고, 필자의 가설을 검증하였다.
- → 이 연구에서는 다섯 가지 요인을 분석하고, 가설을 검증하였다.

이런 식으로 간결한 문장으로 바꾸면 가독성이 올라간다. 필자를 생략해도 문장의 의미가 충분히 전달되는 경우에는 과감히 빼는 것이 글을 더 명확하게 만든다. 결국 필자는 글의 성격과 목적에 맞게 신중하게 사용해야 하며, 필요에 따라 조정하는 것이 바람직하다.

<'나', '우리', '필자'를 선택하는 기준>

표현	나	우리	필자
사용 목적	개인 경험, 주관적 의견	공동체강조, 독자와 유대감	객관적 논증, 학술적 글쓰기
장점	친밀감, 감정전달에 효과	설득력 강화, 독자를 포함하는 효과	격식 유지, 논문의 신뢰성 강화
주의할 점	공적인 글에서는 신중히 사용해야	특정 집단을 배제할 위험성	불필요한 거리감 유발, 문장이 딱딱해짐

결국 글쓰기에서 '나', '우리', '필자' 가운데 어떤 주어를 선택할

것인가는 단순히 문법적 선택을 넘어, 작가 자신이 '어떤 입장에서 말할 것인가'를 결정하는 핵심이 된다.

"살았던 모습을
전달하고 싶다"

삶의 모든 순간은
이야기로 남는다.

_홍승우

창의적인 글쓰기는 단순히 체험을 재현하는 데 그치지 않는다. 체험을 바탕으로 상상력을 발휘하고, 그것을 새롭게 해석하며 확장하는 과정이야말로 진정한 창의적 글쓰기의 본질이다. 수필은 이러한 창의적인 글쓰기의 가능성을 지닌 장르다. 일정한 형식에 얽매이지 않고, 체험과 사색을 자유롭게 엮어 내는 글이기 때문이다.

오래 전부터 교육 현장에서는 '수필에 대한 보기글로 사용된 수필'이 오히려 수필에 대한 이해를 어렵게 만들고 있진 않은가 하는 의견이 나오고 있다. 해당 글은 수필이라는 장르의 창의성을 나름대로 드러내고자 했던 시도로, 수필을 청자연적, 난, 학,

여인에 비유하며 아름다움과 우아함을 강조했다. 멋진 비유들이다. 하지만 그 비유가 너무 추상적이고 감각적 표현에만 치중되어 정작 수필을 쓰고자 하는 사람들이 어떻게 써야 하는지 알기 어렵다.

"수필은 난이요, 학이요, 청초하고 몸맵시 날렵한 여인이다"라는 표현은 얼핏 들으면 시적이고 문학적으로 감각적인 이미지로 다가온다. 그러나 이러한 비유는 구체적 근거가 없이 감각적 이미지의 나열로만 남아 있어, 독자가 수필의 본질을 이해하는 데 혼란을 준다.

수필은 '일정한 형식을 따르지 않고 가볍게는 일상적인 느낌이나 체험을 생각나는 대로, 자유롭게 쓰는 산문 형식의 문학'이다. 생활 글쓰기의 기본을 체험과 성찰의 합산으로 본다면 체험(일상의 사실적 기록)에 좀 더 무게 중심이 있는 글은 생활글로, 성찰(체험으로 알게 된 사색이나 감정)에 좀 더 무게 중심이 있는 글은 수필로 볼 수 있다. 또 수필은 문장력의 한판 승부로 볼 일도 아니다. 편안하고 자연스러운 필치로 자기 경험을 말하고, 그것으로 형성된 자기 생각이나 철학을 누구나 알기 쉽게 쓰면 그만이다.

글에서 생각이나 철학은 '주제 의식'으로 바꾸어 볼 수도 있다. 그동안 우리는 잘못된 글쓰기 교육 안에 있었다. 무엇보다도 현실과 동떨어진 글쓰기를 하도록 가르쳤다. 글은 삶과 일치해야 한다. 지금의 어른들이 배운 글쓰기 교육은 삶과 동떨어진 머리로 글을 쓰게 했고, 글에서 주제 의식을 글쓰기의 본령으로 삼으려는 현상이 많았다. 특히 생각이나 느낌, 의견 등을 집중적으로 쓸 것을 요구받기도 했다. 생각이나 느낌은 글에서 꼭 필요한 요소이지만 그것이 일어난 상황을 밝히지 못하고 생각이나 느낌을 중심으로 적으면 느낌조차 잘 전달이 되지 않는다.

박경리 선생이 토지 2부를 발표하고 마련된 대담회 자리에서 어떤 평론가가 "토지에서 어떤 사상을 그리려고 하셨는가" 하고 질문했다. 그러자 선생께서는 "어떤 사상을 그리려고 한 것이 아니라 평사리 사람들의 이야기를 전하고 싶었다"라고 대답하셨다. 그러자 다시 "평사리 사람들의 이야기를 통해 어떤 사상을 전달하려고 하셨는가"라는 질문이 들어왔다. 선생이 다시 답했다. "어떤 사상을 전달하려고 한 게 아니라 그냥 서희, 길상이 등이 살았던 삶의 모습을 전달하고 싶었다"

삶의 이야기를 전하는 것과 특정한 사상을 전달하는 것이 결국 얼마나 다른 것인지 명확히 구분하기 어려울 수도 있다. 그러나 이 일화는 반드시 주제 의식에 집중해서 써야 하는 것은 아니라는 점을 잘 보여 준다.

그렇다면 '살았던 삶의 모습'을 효과적으로 전달하기 위한 글쓰기 방법은 무엇일까? 그 핵심 중 하나가 '표현의 순차성'이다. 표현의 순차성이란 느낌이 발생한 순서와 장면 연결의 흐름을 살려서 글을 쓰는 방식을 의미한다. 쉽게 말해 자기의 직·간접 체험, 읽거나 들어서 알게 된 것, 상상한 것 등을 일이 일어난 순서대로 적은 것을 말한다. 미시적으로 표현의 순차성을 나타내는 문법 층위의 표현으로 '-자, -자마자, -는 대로'가 있다. 이러한 표현들은 사건이나 행동의 연속성을 나타내며, 한 행동이 끝난 직후 다음 행동이 일어남을 의미한다.

"문을 열자 차가운 바람이 들어왔다."
"집에 도착하자마자 전화를 걸었다."
"보는 대로 바로 보고해 주세요."

체험을 쓰는 글의 텍스트 층위에서 표현의 순차성은 독자가 글쓴이와 함께 경험을 따라갈 수 있도록 느낌이나 인식이 발생한 순서에 맞춰 글을 구성하는 것을 말한다. 예를 들어, 등산을 하며 느낀 체험을 쓴다면 산에 도착해서 처음 본 풍경이나 공기의 신선함을 먼저 묘사한 후, 등산이 진행되면서 점차 피로감이 쌓이거나 정상에서의 성취감을 나중에 기술하는 방식이 적절하다. 이렇게 하면 독자가 자연스럽게 글쓴이의 체험을 따라가며 공감할 수 있다. 일이 일어난 대로 차례를 따라가면서 쓰는 글은 누구나 쉽게 접근할 수 있는 표현법이다.

왜곡하지 않도록
선별하라

> 좋은 글은 사실을 왜곡하지 않으면서도,
> 그것을 의미 있게 전달하는 것이다.
> _조지 오웰

　자기표현이나 즐거움을 위한 글쓰기는 그동안 단순한 자기 탐닉이나 쾌락 추구의 행위로 여겨져 수다 떨기 수준으로 치부되곤 했었다. 하지만 오늘날 많은 사람이 자기 이야기를 글로 쓰며, 자기표현의 글쓰기에 대한 중요성을 다시 인식하고 있다. 책을 써서 이름을 알리거나 사회에 메시지를 전하는 것도 의미 있는 일이지만, 그저 재미로 또는 친구와 가족을 위해, 나아가 자기 자신을 위해 글을 쓰는 것 또한 중요한 일이다.

　편지를 쓰거나 자녀에게 들려줄 이야기를 적는 행위는 책을 출판하는 것과는 다른 차원의 의미를 지닌다. 글을 쓰는 행위 자체가 출판 여부를 떠나 개인의 삶에서 깊은 의미를 가지는 일이다.

개인의 목소리도 역사가 된다

과거에는 사회의 가치를 중시하며 개인 이야기나 감정을 경시하던 시기가 있었다. 우리의 역사 교육 방식도 거대 사건 중심으로 이루어졌다. 과거의 역사 교과서는 주로 임진왜란, 병자호란, 독립운동, 한국전쟁 등 국가 단위의 사건을 중심으로 서술되었다. 독립운동에 대한 서술에서 김구, 안중근과 같은 영웅적인 지도자의 활동이 강조되었지만, 무명의 독립운동가들이 어떻게 참여했고, 그들 개인의 희생이 어떠했는지는 상대적으로 적게 다루어졌다. 그러나 현대에 오면서 '구술 역사(oral history)' 방식이 주목받으며 일반 시민들의 목소리가 역사 기록에 반영되고 있다.

예를 들어, 위안부 피해자들의 증언을 기록한 얀 루프-오헤른의 《나는 일본군 성노예였다》 같은 책은 기존의 거대한 역사 서술 방식에서 벗어나 개인의 구체 경험을 통해 역사의 실체를 조명하고 있다. 사회가 개인의 이야기를 더 귀 기울여 듣기 시작한 것이다.

개인의 중요성이 높아지는 만큼 개인의 이야기를 쓴 글의 가치도 새롭게 바라보기 시작했다. 현대 사회에서는 개인의 경험과 이야기가 집단의 목소리만큼이나 중요한 의미를 가진다. 개인의 다양성이 존중받고, 각자의 경험이 사회적 이해와 공감을 넓히는 데 중요한 역할을 한다. 예를 들어, 정신 건강 문제를 겪은 사람이 자신의 이야기를 글로 풀어내어 대중에게 공유하면 비슷한 경험을 한 사람들에게 큰 위로가 된다. 또한, 같은 경험을 하지 못한 사람들에게도 정신 건강에 대한 인식을 높이는 계기가 될 수 있다.

이처럼 자기표현의 글쓰기는 개인의 성찰과 치유를 넘어 타인에게도 긍정적인 영향을 미치는 힘을 가지고 있다. 자기 이야기를 나누는 것은 사회적 가치를 만들어 내며, 사람들 간의 이해와 연대를 강화하는 중요한 역할을 한다.

같은 경험이라도 사람마다 바라보는 시각이 다르다. 예를 들어, 비 오는 거리를 묘사할 때도 택배 기사는 빗속에서 미끄러질까 걱정하는 시각으로, 화가는 빛과 그림자의 변화를 관찰하는 시각으로, 여행객은 감성적으로 바라보는 시각으로 글을 쓸 것이다.

직업군에 따라서도 글쓰기 방식이 달라진다. 법조인은 논리적으로, 작가는 감성적으로, 엔지니어는 분석적으로 글을 쓰는 경향이 있다. 같은 사건이라도 직업이 다르면 글의 색깔이 완전히 달라지는 것이다. 따라서 체험을 바탕으로 글을 쓸 때, '나는 어떤 시각에서 이 경험을 바라보는가?'를 고민하는 것이 중요하다. 이처럼 개인의 경험이 기록되고 공유될 때, 그것은 단순한 개인의 이야기를 넘어 사회적 이해를 넓히고 공감을 형성하는 중요한 역할을 한다.

체험에
새로운 옷을 입혀라

주의 깊게 바라보라. 경이로워하라.
그리고 그것에 대해 이야기하라.

_메리 올리버

우리는 뜻하지 않은 실수 속에서 중요한 깨달음을 얻곤 한다. 그 순간에는 당황스럽고 부끄럽지만, 시간이 지나고 나면 그것이 삶의 한 페이지로 남는다. 나 역시 얼마 전 한 가지 당황스러운 경험을 했다. 그 일이 없었다면 '좋은 말은 좋은 마음에서 나온다'라는 당연한 진리를 이토록 깊이 깨닫지는 못했을지도 모른다.

어느 날 딸아이가 부탁을 했다. "엄마, 잠깐만 우리 개 좀 봐줄 수 있어요? 병원 예약이 있어서 다녀올게. 오래 걸리지 않을 거야." 나는 흔쾌히 맡겠다고 했다. 그런데 예상치 못한 문제가 생겼다. 개를 맡기로 한 시간과 내가 줌(Zoom)으로 강의를 해야 할 시간이 겹쳐 버린 것이다. 딸아이는 이미 떠난 뒤였다. 개와 단 둘이 남은 채 강의가 시작되었다. 화면을 보며 설명하면서도 한쪽 눈은 개를 쫓았다. 다행히 녀석은 얌전히 집안을 서성이더니 내 옆에 조용히 앉았다.

그런데 잠시 뒤 녀석이 책상 밑으로 들어갔다. 그러더니 틱틱 틱 하는 소리가 들려왔다. 불길한 예감이 스쳤다. 고개를 숙여 보니 개가 전선을 이빨로 깨물고 있는 것이 아닌가. 순간 머릿속이 하얘졌다. '감전되면 어쩌지? 합선이라도 되면?' 공포감이 몰려왔다. 그 순간, 나는 강의 중이라는 사실도 잊고 "저리 가! 이 X새끼야!" 하고 소리를 질러버렸다. 잠시 뒤 화면 너머의 어리둥절한 수강생들의 표정을 보며 연신 사과를 했다. "죄송합니다. 개가 갑자기 전선을 물어뜯어서… 정말 죄송합니다." 다행히 강의를 듣던 분들이 너그러이 웃으며 넘어가 주었지만, 나는 너무 부끄러워 밤잠을 설쳤다.

내가 만약 개를 좋아했다면 '저리 가! 이 X새끼야!' 같은 말 대신, '토리, 안 돼!' 정도가 나오지 않았을까? 그때 깨달았다. 좋은 말은 입에서 나오는 것이 아니라 좋은 마음에서 나온다는 것을 말이다. 마음속에 반감이 있으면 부드러운 말이 나오기 어렵다. 좋은 언어를 사용하려면 먼저 상대를 이해하고 존중하는 마음이 있어야 한다. 그래서 그 일을 글로 썼다. 그리고 하고 싶은 말, 좋은 마음에서 좋은 말이 나오는 거라는 말도 덧붙였다.

좋은 말이 상대의 마음을 어떻게 움직이는지를 가장 잘 보여주는 예 중 하나는 한 음악 경연 프로그램에서의 김이나 작사가의 심사평이다. 한 무명 가수의 무대를 본 뒤 김이나는 "5호 가수님은 작은 바에서 음악을 제대로 듣는 사람들만 모인 곳에서 공연하는 가수 같아요. 거기엔 위스키 한 잔이 놓여 있고, 그가 어떻게 살아왔는지 아무도 모르는 미스터리한 분위기가 흐르죠. 저는 이런 분이 20년 동안 어디선가 노래를 부르고 계셨다는 사실이, 이 세상이 꽤 근사한 곳이라는 느낌마저 들게 했어요."라는 평을 남겼다.

이 말 한마디는 단순한 평가를 넘어, 그 가수의 삶을 이야기로 풀어냈다. 약 20년간 무명으로 살아온 한 사람의 존재를 인정해 주었고, 그의 자존감을 높여 주었다. 좋은 말로 상대를 살리고, 새로운 의미를 부여해 주었다.

우리는 날마다 수많은 경험을 한다. 그러나 표현하지 않으면 경험은 쉽게 잊힌다. 언젠가 감동받았던 장면도, 큰 깨달음을 준 사건도, 모두 시간이 지나면 흐릿해진다. 그러나 기록하면 이야기가 된다. 표현하지 않은 경험은 기억 속에서 점점 희미해진다. 하지만 한 번이라도 글로 쓰거나 말로 풀어놓으면 경험은 단순한 사건을 넘어 '삶의 일부'가 된다. 어릴 때의 기억을 종이에 적어 놓으면 시간이 지나도 선명하게 남는 경우가 많은 이유이다.

또한, 표현은 자기 이해의 과정이다. 글을 쓰면서 우리는 자신의 감정을 다시 들여다보고 생각을 정리할 기회를 갖는다. 때로는 글을 쓰는 과정에서 비로소 '아, 내가 이렇게 느꼈구나.' 하고 깨닫기도 한다. 이런 과정은 자기 성찰을 깊게 하고, 경험을 더욱 풍부하게 만든다.

이처럼 표현은 경험을 보존하고 자신을 이해하는 것을 넘어선다. 단순한 기록에 그치는 것이 아니라, 경험을 새롭게 조직하고 의미를 부여한다는 점도 중요하다. 내가 개와 함께한 그날의 경험도 마찬가지다. 가볍게 '개를 맡았다가 실수했다'로 끝낼 수도 있었다. 그러나 나는 이 날의 기억을 글로 쓰면서, "좋은 말은 좋은 마음에서 나온다"라는 중요한 깨달음을 얻었다.

이처럼 표현을 하다 보면 경험이 새롭게 보이기도 한다. 그래서 표현은 경험에 새로운 옷을 입히는 과정이 된다. 경험은 그냥 흘러가 버리지만, 표현은 그 경험을 가치 있는 이야기로 만든다. 그리고 그 이야기가 누군가에게 공감과 깨달음을 줄 수도 있다. 결국, 우리가 글을 쓰는 이유는 기억을 남기기 위해서만이 아니라 경험을 의미로 바꾸기 위해서이기도 하다. 그러므로 글을 쓰려는 사람이 표현하는 것은 선택이 아니라 필수다. 표현을 통해 우리는 자신과 세상을 더욱 깊이 이해하게 된다.

세대가 다르면 같은 체험이라도 전혀 다른 글이 된다. 예를 들어, '학교에 가는 길'을 주제로 10대와 60대가 글을 쓴다면 완전히 다른 경험이 반영된 글이 나올 것이다. 아마 10대는 스마트폰과 함께하는 등굣길을, 60대는 학창 시절 먼 길을 걸어가던 기억을 떠올릴 것이다. 또한, '코로나19 팬데믹'이라는 동일한 체험도 청년에게는 학업과 취업의 불확실성으로, 부모에게는 자녀 돌봄의 어려움으로, 노인에게는 외로움과 단절의 시간으로 다르게 기록될 것이다.

  이러한 개인직 시각과 세대별 차이가 바로 우리가 경험에 '새로운 옷을 입히는' 과정이며, 이를 통해 삶의 깊이를 더하고 타인과 공명하게 된다. 글쓰기는 이러한 개별적 차이를 살려야 한다. 단순한 사건 나열이 아니라, 체험이 각자의 세대와 환경에서 어떤 의미를 가지는지를 고민하는 것이 좋은 글쓰기의 출발점이 된다.

예기치 못한 순간에 만난 감동을 기억하라

> 누군가의 삶을 단 하루라도 진실되이 포착할 수 있으면 그는 최고의 작가가 될 것이다.
>
> _톨스토이

감동은 우리가 예상하지 못한 순간에 찾아온다. 아무 기대 없이 걷던 길에서 마주한 낯선 이의 미소, 바쁜 하루 중 누군가가 건넨 따뜻한 말 한마디, 또는 우연히 듣게 된 음악 한 곡이 마음을 흔드는 순간 등등. 감동은 거창한 사건이 아니라 사소한 일상 속에서 조용히 스며들어 우리를 울컥하게 만든다. 다음 예시 두 편을 읽어 보자.

1) 등산

우리 식구들은 지난 토요일 뒷산에 올랐다. 월드컵 경기장 쪽으로 차를 타고 갔다. 거기에는 차가 많아 주차할 곳이 별로 없었다. 그래도 겨우겨우 자리를 찾아서 차를 주차했다. 차에서 내린 우리는 등반길로 갔다. 조금 올라가 보니 거기에는 폐쇄된 것 같은 식당이 하나 있었다.

드디어 산에 오르기 시작했다. 처음에 본 길이 있었는데 더 뒤로 와서 올라가니 지름길로 올라온 것 같았다. 한참 올라가 보니 네 갈림길이 나왔다. 우리는 봉정사에 가기로 했다.

가다가 진달래를 보았다. 엄마가 "옛날에는 산에 많이 올라가서 진달래 띠 먹고는 했는데…." 하시면서 진달래를 따서 드셨다. 내가 "요새는 환경이 오염돼서 그렇게 마구 드시면 안 돼요." 했다. 엄마는 웃으면서 "좀 쓰다." 하셨다.

봉정사까지는 너무 멀어서 다시 네 갈림길로 돌아왔다. 올라갔던 길로 내려온 것이다. 어머니가 "뭐 별거 없네." 하셨다. 다시 내려오다 보니 아까 본 폐쇄된 것 같은 식당에 다다랐다. 집으로 돌아왔다.

2) 미장원에서

미장원에서 머리를 하고 있는데, 허리에 손을 짚은 아주머니가 헐레벌떡 들어오셨다. 마을버스를 타고 오는 길에 버스가 급정거를 해서 넘어지셨단다. "아이구, 저런! 많이 안 다치셨어요?" 나와 미장원 원장님, 디자이너 셋이 번갈아 물었지만, 아주머니는 놀랐는지 손만 덜덜 떨었다. 원장님이 건물 3층 병원에 가 보시라 권했다. 머뭇거리는 아주머니를 보자니 혼자 병원에 가시기 망설여지시는 듯해 내가 말했다. "조금만 기다리시면 제 머리 마는 게 끝나니까 같이 가실까요?" 아주머니는 금방 표정이 환해지셨다.

머리 마는 게 끝난 뒤 아주머니와 함께 3층 병원으로 올라갔다. 주민등록증을 보니 42년생이시다. 연세가 많으시니 놀라셨을 만도 했다. 병원에서는 사고 접수가 안 되면 치료비는 우선 환자가 내야 한다고 했다. 아주머니 대신 운전자에게 전화를 걸어 상황을 설명하자 흔쾌히 "나중에 서류 보내 주시면 처리하겠다"라고 답이 돌아왔다. 그 말을 녹음하겠으니 다시 말씀해 주시라 부탁드렸다. 그러자 그는 흔쾌히 "제가 처리해 드릴게요." 하고 응해 주었다. 나는 그 녹음본을 들려주면서 어떤 단추를 누르면 들을 수 있는지 아주머니에게 알려 주었다.

두 글은 자기가 겪은 사실을 중심으로, 정직하게, 자세하고 정확하게 적었다는 공통점이 있다. 그러나 두 글이 주는 감동의 크기는 완연히 다르다. 〈등산〉은 등산을 하면서 겪은 가족 간의 소소한 일상을 담고 있다. 글은 간결하게 진행되며, 뒷산 등산 과정에서 느낀 감정과 주변 풍경을 묘사한다. 글을 처음 쓸 때는 이렇게 써도 된다. 자기 삶의 한 조각을 글로 표현한 것만으로도 큰 의미가 있다. 그러나 사실의 나열인 이 글이 우리에게 감동을 주지는 못한다.

그러나 두 번째 글인 〈미장원에서〉는 다르다. 극적인 사건이나 대단한 성취를 글로 적은 것은 아니지만, 낯선 사람의 불안을 덜어 주고 손을 내밀어 준 행동에서 인간적인 따뜻함과 공감이 느껴지기 때문이다. 또한, 갑작스러운 상황에서도 웃음과 여유를 잃지 않고 상대를 안심시킨 모습은 독자에게 잔잔한 감동을 전한다. 두 글 모두 자신의 이야기를 솔직히 담았지만 풀어내는 방식에 따라 감동의 깊이는 달라진다.

　사람들은 주로 예기치 못한 순간에 상대방이 보여 주는 진심 어린 감정, 친절, 또는 아름다움을 만날 때 감동한다. 한번은 운전을 하는데 작은 굴다리를 빠져나가려다가 차의 시동이 꺼진 적이 있었다. 이 굴다리는 2차선 도로라서 내가 한 차선을 막고 있으니 뒤에 끝도 없는 줄이 이어졌다. 어쩔 줄 몰라 하는데 작은 트럭 한 대가 내 앞에 와서 섰다. 그러더니 밧줄로 내 차와 그 차를 연결해서 갓길로 옮겨 주었다. 그리고 나서 감사의 인사를 전하기도 전에 사라졌다. 그 일은 지금도 큰 감사의 기억으로 남아 있다. 우리는 이렇게 누군가가 기대하지 않았던 순간에 진심으로 도와주거나 배려를 베풀 때 큰 감동을 느낀다. 특히, 상대방이 자신을 생각해 주는 마음이 보일 때의 감동은 말로 표현할 수 없다.

　보통 진심 어린 공감과 위로를 받을 때도 우리는 감동한다. 감정적으로 힘든 상황에서 누군가가 자신의 아픔을 진심으로 공감하고 위로해 주면, 깊은 감동이 이는 것이다. 예전에 나는 맹장 수술을 한 적이 있다. 그다지 걱정할 일이 없는 수술이었음에도 주변 친지들이 위로 전화를 해 주어서 고마웠다. 그런데 그 당시 눈물 나오게 고마웠던 말은 어머니의 전화였다. "아팠지?" 이 한마디에 그렇게 아프지도 않았었는데 가슴이 울컥하면서 눈물이 나왔다. 슬픔이나 어려움을 겪는 사람에게 가식 없이 진심으로 마음을 나누며 위로해 주는 친구나 가족의 말은 이런 감동을 준다.

자신을 위해 희생하거나 헌신하는 모습을 볼 때 마음 한끝이 저릿해 온다. 누군가가 자신을 위해 기꺼이 희생하거나 헌신할 때 사람들은 깊은 감동을 받는다. 부모가 자녀를 위해 모든 것을 희생하는 모습, 또는 친구나 동료가 자신의 이익을 포기하고 돕는 모습에서도 감동을 받는다. 사람의 자존감이 높아지는 때는 첫 번째, 자기 손으로 밥벌이를 할 수 있을 때이고, 두 번째로는 내가 누군가에게 도움이 되는 사람이라는 것을 확인하고 인정받을 때다.

또, 극복하기 어려운 역경을 이겨 내는 모습을 볼 때 사람들은 감동한다. 특히, 그 과정에서 힘든 시련을 겪었지만 결코 포기하지 않고 끝까지 나아가는 모습을 볼 때 감동은 배가된다. 그 밖에도 인간의 연대나 협력을 발휘할 때, 작은 일에서 큰 의미를 발견할 때 등이 있다.

좋은 글은 감동을 주는 글이다. 이런 이야기들을 담으면 좋은 글이 될 수 있다. 그러나 감동을 주는 글을 쓰려고 억지로 어떤 행위를 하는 사람은 잘 없다. 생활 속에서 우러나야 한다. 한마디로 좋은 글은 좋은 삶에서 나온다. 삶을 잘 가꾸는 글쓰기란 그래서 나온 말이다. 헨리 데이비드 소로의 다음 문장은 이 말에 방점을 찍는다. "살아 보지 않고 앉아서 글을 쓴다는 것은 얼마나 허망한가."

'화제'에서 멈추지 말고
'문제'로 들어가라

**문제를 정확히 정의하면
이미 절반은 해결된 것이다.**
_찰스 케터링

대학생 대상 글쓰기 강의에서는 주제를 명확히 설정하는 중요성을 강조한다. 나는 학생들에게 "지금부터 쓰고자 하는 내용을 한 문장으로 정리해 보세요."라고 요청하고, 그 문장을 완성할 때까지 진행한다. 만약 이 과정을 생략하고 무작정 글을 쓰기 시작하면 종종 방향을 잃고 엉뚱한 결론으로 빠질 가능성이 크다.

처음부터 내가 하고 싶은 말을 한 문장으로 정리하면 글을 쓰는 도중에도 '이건 조금 엉뚱한 방향으로 가고 있네'라고 스스로 깨달을 수 있다. 그래서 글을 시작하기 전 반드시 내가 무엇을 쓰고자 하는지, 어떤 이야기를 하고자 하는지를 한 문장으로 정리해 두어야 한다. 이렇게 하면 글의 방향성을 유지할 수 있다.

그런 다음 확인할 것은 내가 그 일을 잘 알고 있는 것인가 하는 부분이다. 사람들은 자기가 잘 알고 있는 부분은 별 어려움 없이 다른 사람에게 말해 줄 수 있다. 또한, 자기가 잘 아는 것이라야 글에 구체성이 생긴다. 그렇다고 해서 내가 잘 알고 있으니 읽는 사람들에게 어떤 가르침을 주겠다는 생각으로 글을 쓰면 안 된다. 그러면 글은 너무 어려워지고 힘이 들어가게 마련이다. 미사여구를 가져다 쓰는 식으로 얼굴에 분칠했지만 실속은 없는 글로 끝나는 경우를 많이 보았다.

일부 사람은 "나는 잘하는 게 없어서 쓸 게 없다"라고 말하지만, 모든 사람에게는 자신만의 경험과 이야기가 있다. 그것들이 쌓이고 성장하면서 오늘의 '나'가 되었기 때문이다. 그러므로 잘하는 것이 없을 수는 있어도, 쓸 이야기가 없는 사람은 없다. 무엇을 쓸지 정하는 것은 글을 쓸 때 가장 먼저 해야 할 일이다. 이때 '무엇'에 해당하는 개념을 '화제'라고 한다. 사람뿐만 아니라 사물, 사건, 개념 등 글로 쓰고 싶은 모든 것이 화제가 될 수 있다. 하지만 화제의 범위가 너무 넓으면 글이 두서없이 흐를 수 있다. 따라서 화제의 한 측면을 구체적으로 좁혀야 말하고자 하는 바가 분명한 글이 된다.

화제는 큰 틀에서 다루는 이야기 범주다. 다양한 문제를 포함할 수 있는 넓은 개념이다. 반면에 '문제'는 화제 안에서 구체적으로 다루는 특정한 이슈를 말한다. 문제에는 해결해야 할 명확한 논점이 있어야 한다. '한국 사회의 여러 문제'라고 하면 이것은 '화제'다. 다루어야 할 것들이 매우 많기 때문이다. 이 화제를 조금씩 범위를 좁혀서 '저출산율과 고령화 사회', '최저 시급 인상 문제', '고독사 증가 문제', '쓰레기 처리 문제' 등으로 줄이면 '문제'다.

화제의 층위에서는 누구나 할 수 있는 말이 나오기 십상이지만, 문제의 층위에서는 나만 할 수 있는 말이 나온다. 좋은 글을 쓰려면 주제를 최대한 구체적으로 생각해 봐야 한다. '한국 사회의 여러 문제'보다는 '고령화 사회에 따른 노인들의 빈곤 문제'라는 주제가 훨씬 구체적이기 때문에 글을 전개하기가 수월하다.

예를 들어 '대중교통의 개선 방향에 대하여'라고 하면 겉으로 보기에는 주제가 분명해 보인다. 그러나 여전히 추상적이다. 이 주제는 좀 더 구체적인 하위 논점으로 나눌 수 있다. '지하철 혼잡 시간대에 대한 효율적인 배차 방안', '버스 노선의 지역 편중 문제에 대하여', '대중교통을 이용한 약자 이동권 보장 방안' 등, 이 외에도 다양한 논점을 뽑을 수 있다. 이 가운데 내가 특별히 관심이 있거나 경험이 있는 주제를 골라야 한다. 그래서 내 생각과 사례를 풀어낸 글로 발전시켜야 한다.

여기에 더해서 독자들이 가장 궁금해 할 주제를 선택해 본다. 그리고 내 능력으로 다룰 수 있는 주제인지, 다룰 수 있다면 어디까지인지 등을 탐색해야 한다. 하위 주제를 많이 떠올릴수록 문제를 구체적으로 관찰하고 사고하고 있다고 볼 수 있다. 주제를 작고 구체적으로 설정할수록 다루는 사실과 근거는 더욱 명확해지며, 그 작은 주제에 집중할 때 사고의 깊이가 더해진다. 주제는 간결하게, 성찰은 깊이 있게 하자.

노령화 시대의 문제에서 우리 할머니의 건강 문제로

대학 강의를 하다 보면 학생들이 글을 쓰면서 화제(가주제) 층위에서 글감을 찾고 글을 쓰려고 하는 경우를 많이 만났다. 예를 들어 '노령화 시대에 따른 복지 연구'에 대해서 글을 써야 한다면 이 문제 그대로 검색을 하거나 자료를 찾기 시작한다. 하지만 그렇게 접근하지 말고 일단 노령화 시대와 나의 문제를 연결하여 떠올려 보자.

'노령화 시대, 우리 할머니가 생각이 나네. 우리 할머니는 어떠시더라? 건강이 안 좋으시고, 우울증이 있고, 가족 간의 갈등도 있고, 재산도 없고, 연금도 얼마 안 돼 늘 돈 걱정을 하시네….'

이렇게 나의 이야기와 연결해 보면서 좀 더 작은 주제들을 찾아 나가면 된다. 이렇게 실제로 내가 다룰 수 있는 부분이 문제

(참주제)가 된다. '노인세대의 경제적 궁핍 해결을 위한 복지 정책 연구'까지 나아간다면 처음에 '노령화 시대에 따른 복지 연구'보다는 훨씬 선명한 주제가 되었다.

좋은 글이 되려면 선명한 글이 되어야 한다. 평소에 내가 관심을 가진 것으로 스스로 쓰고 싶은 것, 또 자신이 소화해 낼 수 있고 독자의 관심과 흥미를 불러일으킬 것으로, 읽을 만한 가치가 있는 주제가 되면 글쓰기에 좀 더 쉽게 접근할 수 있다.

근사하지 않으면
큰일 나는가?

> 형편없는 초고를 쓰도록 자신에게 허락하라.
> 그것은 읽을 수 없을 정도로 형편없을 것이다.
> 하지만 그냥 그렇게 형편없는 초고를 써라.
>
> _앤 라모트

말하기와 글쓰기는 둘 다 자신의 생각과 감정을 다른 사람에게 전달하는 의사소통의 방법이다. 말하기는 순간적이고 즉흥적인 반면, 글쓰기는 더 깊이 생각하고 계획해야 한다. 특히 말하기는 상대와의 상호작용이 필요하지만, 글쓰기는 대화 상대 없이 자신의 생각을 전달할 수 있다.

말하기를 통한 상호작용에는 언어적 표현뿐만 아니라 비언어적 표현, 반언어적 표현도 크게 작용한다. 비언어적 표현은 아닐 비(非) 자를 써서, 손짓, 발짓, 고갯짓 같은 행동을 가리킨다. 반언어적 표현은 절반 반(半) 자를 쓴다. 항상 말과 함께 쓰이며, 어조, 목소리의 크기나 높낮이 등을 뜻하게 된다. 이 두 가지 추가 표현법은 풍부한 표현을 가능하게 하고, 시각적 효과를 주며, 문화에 따라 다르게 해석될 수도 있다.

이처럼 말하기에서는 비언어적인 요소가 중요하지만, 글쓰기는 비언어적인 요소를 전달할 수 없으므로 문장 구성과 표현력이 더 중요할 수밖에 없다.

글쓰기가 말하기보다 어려운 이유

사람들이 말하기는 쉽게 하면서 글쓰기는 어려워하는 데는 크게 다음과 같은 다섯 가지 이유가 있다.

첫째, 말하기는 자연스럽고 즉흥적인 활동이지만 글쓰기는 문법이나 규칙을 따라야 한다. 그래서 왠지 잘 써야 할 것 같은 두려움이 은연중에 배어 있다. 실제로 글을 쓰려고 하면 머릿속이 하얘지고 생각이 막히는 이유는 글쓰기의 본질과 관련이 있다. 말은 떠오르는 생각을 즉시 표현할 수 있지만, 글쓰기는 그중에서도 글로 옮길 가치가 있는 내용을 선별해야 한다. 이 '선별의 과정' 때문에 자연스레 머뭇거리게 된다.

둘째, 글은 말을 할 때보다 내용을 체계적으로 구성하고 조직해야 한다. 시작과 끝을 잘 맺고, 논리적 흐름을 유지하며, 문단을 분리하고 다양한 문장 구조를 쓰는 능력이 필요하다. 이러한 구성력은 독자가 글을 쉽게 이해하고 흡수하는 데 중요하다.

셋째, 글쓰기는 아이디어를 명확히 전달하는 과정이다. 특히 추상적이거나 복잡한 개념은 비언어적, 반언어적 표현도 곁들일 수 없기에 설명할 때 더욱 어렵다.

넷째, 글은 다른 사람이 읽고 평가할 수 있으므로 자신감이 흔들리기도 한다. 또한, 기록으로 남기 때문에 말보다 더 부담스러울 수 있다. 실수를 걱정하거나, 자신의 생각이 이상하게 보일까 봐 불안해져 글쓰기를 망설이게 된다.

다섯째, 글은 말보다 즉흥성이 적고 계획과 수정이 필요하다. 말은 순간적으로 나오지만 글은 계획하고 조리 있게 써야 하며, 수정과 교정도 필요하다. 이 과정은 시간과 노력이 많이 들어 일상에서 쉽게 실천하기 어려울 수 있다.

말은 휘발되지만 글은 남는다. 그래서 더 부담스럽다. 특히 대학에서는 자신의 생각보다 타인의 연구를 인용하며 조심스럽게 글을 써야 하는 경우가 더 많다. 그래서인지 글은 객관적이어야지 주관적이어서는 안 된다는 애매한 말이 우리를 칭칭 동여매고 있다. 물론 꼭 그래야 하는 글도 있다. 하지만 일상에서 자주 접하는 글들이 모두 객관적인 사실만 다루어야 하는 글인 건 아니다.

글을 쓰면서 힘을 빼자. 멋지게 써야 할 것만 같은 망령에서 벗어나자. 나는 이 책을 쓰면서도 다른 작가가 쓴 글을 보면서 감탄했다. '아, 저 작가는 어쩜 저렇게 멋지게 표현할 수가 있지? 나도 그렇게 흉내를 한번 내 볼까?' 하면서 흉내 내어 글을 써 보기도 했다. 잘 되었을까? 당연히 잘 안 되었다. 엉클어진 실타래를 푸는 실끈(글머리)을 찾지 못하고 제자리에서 맴맴 돌았다. 각자만의 글체, 글의 풍(風)이 있기 마련이다. 글쓰기에서 힘을 빼지 않으면 남과 비교하며 위축되기 쉽다.

주관성의 인정: 진실한 글쓰기의 시작

글쓰기에서 객관성과 중립성을 추구하는 것은 종종 오해의 소지가 있다. 우리는 모두 자신만의 관점과 경험을 통해 세상을 바라보기 때문에, 완벽한 객관성이란 사실상 불가능하다. 오히려 자신의 주관성을 인정하고 그것을 바탕으로 솔직하게 글을 쓰는 것이 더 가치 있는 접근 방법이다.

객관성이란 스스로 주장해서 내려지는 판단이 아니다. 불특정 다수의 독자들이 읽어 보고 내린 평가가 겹치고 겹쳐서 만들어진 결과다. 하지만 누군가는 또 그 글을 '객관적이지 못한' 글로 평가하기도 한다. 그러니 객관적이라는 평가는 어디까지나 읽는 사람들의 몫이다. 쓰는 사람은 내가 어떤 자리에 서서 어떤 관점으로 바라보고 있는지를 인식하면 된다. 같은 주제라도 보는 관점에 따라 얼마든지 다른 내용이 나올 수 있다.

예를 들어 '도시개발'에 대해서 글을 쓴다면 자기가 가지는 관점에 따라 여러 가지로 달라진다. 만약 경제개발의 관점에서 쓴다면 "새로운 비즈니스 단지 조성으로 수천 개의 일자리가 창출될 것"이라는 이야기를 쓸 것이고, 환경보호의 관점에서는 "녹지대가 콘크리트 숲으로 바뀌면서 도시의 온도는 상승하고 야생동물의 서식지는 파괴되고 있다"라는 점을 짚을 것이다. 문화보존의 관점에서는 "오래된 건물들이 철거되고 그 자리에 획일화된 건물들이 들어서면서 도시 정체성이 사라졌다"라는 내용으로 글을 쓸 수 있겠다.

자신의 관점을 명확히 인식하고 독자에게 드러내는 것이 중요하다. 그래야 화살이 정확히 과녁에 들어가 박힌다. 자신의 주관성을 인정하고 그것을 바탕으로 정직하게 글을 쓰는 것이 좋다. 객관성이나 중립성의 가면을 쓰려 하기보다는, 자신의 관점과 경험을 솔직히 드러내며 글을 쓰는 것이 더 의미 있고 가치 있는 글쓰기가 될 수 있다. 이는 글쓴이의 책임감을 높이고, 독자와 더 진실한 소통을 가능하게 한다.

모든 글쓰기는 본질적으로 자기가 하는 일(주관적인 행위)이다. 심지어 사실 보도나 역사 서술조차도 완전히 객관적으로 쓰기는 어렵다. 특히 칼럼과 같은 의견 글에서는 글쓴이의 주관적 관점이 중요한 가치를 지닌다. 그러니 객관성이 부족하다는 평을 들을까 봐 두려워하지 말고 자기 이야기를 쓰는 것에서 출발하면 충분하다. 그 다음 단계는 글을 쓰면서 보완하고 발전시켜 나가면 된다.

임상심리학자인 메리 파이퍼는《나의 글로 세상을 1밀리미터라도 바꿀 수 있다면》에서 "앞선 정보를 바탕으로 특정 모집단에 대해 잠정적인 결론을 내릴 수 있었다'라는 문장을 지우고 '우리는 소녀들을 중독시키는 문화에 산다. 여자아이들은 사춘기 초기에 버뮤다 삼각지대의 위험을 경험하는데, 대다수가 그 폭풍에 휩쓸린다'라고 바꾸니 글 쓰는 일이 신나기 시작했다"라고 말했다. 자기 글이 진정 흥미 있게 느껴졌고, 그러자 글 쓰는 일이 행복해졌으며, 자신은 생각을 빚어내고 있었다고 고백한다.

글을 쓰다가 내 글에, 내 어깨에 너무 힘이 들어가고 너무 진지해져서 글이 술술 풀리지 않으면 자기 자신을 위해 즐겁게 글을 쓰는 일로 돌아와야 한다. 제인 오스틴이 가족을 즐겁게 해주기 위해서 쓴 글이《오만과 편견》이라는 것은 유명한 사실이다. 그뿐 아니라《작은 아씨들》의 루이자 메이 올콧도 어려웠던 어린 시절의 아픈 기억을 극복하기 위해서 글을 썼다고 한다(물론 그들이 글을 쓴 목적이 이 한 가지만 있는 것은 아니다). 전 세계의 다른 유명한 작가들도 자신의 구원을 위해서 글을 썼다.

자신을 위해서 글을 쓰는 것, 자기만의 즐거움을 위한 글쓰기,

개인적 가치를 위한 글쓰기는 작가가 되어서도 소중한 경험이 된다. 재미로 글을 쓰는 것은 결코 시간 낭비가 아니다. 남에게 읽히고 해석 당하는 일에 대한 고민은 나중 문제다. 우선 내가 즐거운 글을 쓰자. 시작하고 완벽해지면 된다.

제3강

마음을 울리는 글은 무엇이 다른가

고수의 전략 3: 표현력 완성하기

"글을 쓰니
내가 이긴 것 같아요"

> 트라우마는 기억 속에서 뒤틀려 남아 있을 수 있지만,
> 그것을 다시 이야기하고 의미를 부여하는 순간
> 더 이상 과거의 나를 지배하지 못한다.
>
> _대니얼 시겔

사람은 자기 체험을 글로 쓰면서 심리적 성장과 치유에 도움을 받기도 한다. 글쓰기 교실의 한 참가자는 30여 년 전 초등학교 1학년 때에 선생님께 당했던 폭력을 떠올려 글을 썼다. 아주 오래전 일이지만 그 사람은 당시의 일을 아주 또렷이 기억했다.

그날은 감기로 열이 많이 나서 교실 천장이 빙빙 돌 만큼 힘들었던 날이었다. 그러나 선생님이 무서워서 아프다는 말도 못 하고 앉아 있었다. 하필 그날 예고 없이 시험을 봤는데, 문제를 다 틀려서 무수한 빗금이 시험지에 쳐지게 되었다. 죽죽 그어진 작대기가 부끄럽고 속상했던 그는, 자신도 모르게 그 양 끝을 연결해서 반달 모양의 동그라미를 그렸다. 그것을 본 선생님은 네가

그랬냐고 물으며 마치 분풀이라도 하듯 뺨을 소리 나게 때렸다고 한다. 얼마나 억울하고 아팠는지, 그때 이후 성장하지 못한 소녀가 자신의 마음속에 살고 있다고 적었다.

어린 소녀에게는 그날이 지옥이었을 것이다. 이 글을 쓰고 나서 그는 눈물을 흘리며 한참이나 책상에 엎드려 있었다. 감정이 누그러진 뒤 "생각도 하기 싫었던 일인데 글로 쓰고 나니까 내가 이긴 것 같은 생각이 들어요."라고 말했다. 지난 아픔에 혼자 속 앓이하면서 누구에게도 표현하지 못하고 감추어 두고 있었는데, 그것을 글로 쓰면서 스스로 지옥 속에서 빠져나온 것이다.

이처럼 글을 쓰다 보면 경험을 풀어내는 과정에서 자신의 감정과 경험을 재조명하고, 이를 통해 억눌렸거나 제대로 이해되지 않았던 감정들을 정리하고 받아들일 좋은 기회를 얻을 수 있다. 글쓰기를 통해 억눌린 감정이나 트라우마를 표현함으로써 심리적 긴장은 해소되고 카타르시스를 경험하게 된다. 이는 감정에 해방감을 주며, 그 과정에서 스스로 경험을 재구성하고 재평가하게 된다. 이렇게 감정이 표출되고 정리됨으로써 심리적 안정을 찾는다.

그는 잠시 망설이다가, 그 선생님이 매일 엄청나게 다정하지는 않았지만, 날마다 자신에게 모질게 대한 것은 아니었다고 말했다. 또한, 이 글로 인해서 그때의 선생님이 나쁜 교사나 마녀로 낙인찍힐까 봐 두렵고, 나아가 초등학교 교사 전체가 매도당

할까 봐 겁난다고 말했다. 이 글만 보면 자신의 1학년 시절이 온통 불행했던 것처럼 보일까 봐 걱정되지만, 사실은 그렇지도 않았다고 했다. 두드러지는 존재감은 없었지만, 그렇다고 날마다 불행하게 지내지는 않았기에 그렇게 보이는 것을 원치 않는다고 했다.

그날 우리는 그 문제로 기나긴 토론을 했다. 결국 어려운 상황을 정확히 표현하는 것도 글쓰기의 역할이라는 결론에 다다랐지만 말이다. 분노가 차오르고 피가 거꾸로 솟는 경험일지라도 그것을 개인의 것으로만 두고 곱씹을 일이 아니라, 어렵더라도 자기가 먼저 자신의 경험을 솔직하게 표현하고 공론의 장에서 소통하며 해석의 범위를 확장하는 과정이 필요하다는 데 의견이 모였다.

미국의 작가이자 배우인 마야 엔젤루는 "아픔을 말하지 않으면 그 아픔이 우리를 잠식한다. 그러나 그것을 말하거나 글로 쓸 수 있다면, 그 아픔은 더 이상 나를 붙잡아 두지 않는다"라고 말했다. 이 말처럼 글쓰기는 감정을 해소하고 치유하는 강력한 도구다. 말하지 못한 아픔을 글로 표현하는 순간, 그것은 더 이상 우리를 억누르는 기억이 아니라 새로운 의미를 가진 경험으로 재구성된다. 이야기를 다시 쓴다는 것은 삶을 다시 쓴다는 말이다.

결국, 아픔을 글로 풀어내는 과정에서 상처로부터 자유로워지고, 스스로를 더욱 깊이 이해하게 된다. 이는 비단 개인적인 경험에 그치지 않고 심리학으로도 설명된다. 심리학에서는 글쓰기가 '자기 성찰(self-reflection)'과 '인지적 재구성(cognitive restructuring)'을 촉진한다고 본다. 자기 성찰이란 자신의 경험을 객관적으로 분석하고, 그 의미를 재해석하는 과정이다. 글을 쓰면서 우리는 경험을 있는 그대로 기록할 뿐만 아니라, 그 경험에 대한 자신의 생각과 감정도 정리하게 된다. 이 과정에서 부정적인 감정을 유발했던 사건이나 기억들을 새롭게 해석하거나 더 긍정적이고 현실적인 시각으로 바라보게 된다. 이러한 인지적 재구성은 우리가 자신의 경험을 좀 더 건강하게 이해하고 수용하는 심리적 성장으로 이어진다.

좋은 글은
유리창과 같다

> 가장 강력한 글쓰기는 종종 가장 평범해 보이는 글이다.
> 평범함이야말로 보편적이어서 가장 깊은 감동을 주기 때문이다.
> _보니 드리드먼

글은 크게 문학과 비문학으로 나누어 볼 수 있다. 시, 소설은 대표적인 문학 갈래이고 논설문이나 설명문은 대표적인 비문학 갈래다. 우리가 글을 잘 쓰고 싶다고 하는 것은 소설가 지망생이 아닌 다음에는 설명문이나 논설문일 때가 많다. 블로그에 올리는 여행 후기, 맛집 소개, 전자기기나 프로그램 사용법 등의 글쓰기가 다 설명하는 글에 속한다. 이런 글을 잘 쓰려면 무엇보다도 명확한 전달이 필요하다. 주제 의식이 뚜렷해서 무슨 말을 하고 있는지 정확히 전달하는 것이 설명문 종류 글의 덕목이다. 그래서 설명하는 글에서는 자기가 말하고자 하는 주제(사안)가 선명하게 드러나야 한다.

설명문뿐 아니라 모든 글에서 요구되는 것은 선명성이다. 특히 이야기 글은 독자의 흥미를 끌기 위해 반드시 갈등이 들어 있어야 한다. 그 갈등이 현실에서 있음직하게 그려져야 하고, 그것이 기승전결의 잘 짜인 구조로 만들어져야 독자들이 읽어 준다. 그렇다면 이야기 글을 쓰면서 가장 열심히 생각해야 하는 부분은 무엇일까? 바로 '갈등'이다. 갈등이 없이 지루하게 진행되는 이야기를 문장력으로 커버하겠다는 생각은 독자들에게 흥미를 주지 못할 가능성이 크다.

글을 왜 쓰는지부터 고민하라

조지 오웰은 《나는 왜 쓰는가》에서 "좋은 산문은 유리창과 같다"라고 말했다. 좋은 글은 투명하고, 명료해야 하며, 독자가 글쓴이의 생각을 왜곡 없이 볼 수 있어야 한다는 뜻이다. 덧붙여 "맥없는 책들을 쓰고, 현란한 구절이나 의미 없는 문장이나 장식적인 형용사나 허튼소리에 현혹되었을 때는 어김없이 '정치적' 목적이 결여되어 있던 때였다"라고 했다. 그는 글을 쓰는 동기를 '순진한 이기심, 미학적 열정, 역사적 충동, 정치적 목적' 이렇게 네 가지로 구분했다.

먼저 순진한 이기심은 똑똑해 보이고 싶은 마음, 어린 시절 자신을 푸대접한 어른들에게 앙갚음을 하고 싶은 욕구 등을 말한다. 이를 강력한 동기가 아닌 척하는 것은 허위라고 했다. 다음으로 미학적 열정은 외부 세계의 아름다움에 대한, 또한 낱말과 그것의 적절한 배열이 갖는 묘미에 대한 인식을 말한다. 이는 훌륭한 산문의 견고함, 훌륭한 이야기의 리듬감에서 맛볼 수 있는 기쁨이라고 했다. 역사적 충동은 사물을 있는 그대로 보고 진실을 알아내고, 그것을 후세를 위해 보존해 두려는 욕구를 말한다. 정치적 목적은 세상을 특정 방향으로 밀고 나가려는, 어떤 사회를 지향하며 분투해야 하는지에 대한 남들의 생각을 바꾸려는 욕구를 말한다고 했다.

조지 오웰이 제시한 글쓰기의 네 가지 동기는 자기표현의 글쓰기와도 깊이 연결된다. 글을 쓴다는 것은 정보를 전달하는 행위를 넘어 자신을 표현하는 과정이기 때문이다.

첫째, 순진한 이기심은 자기표현의 중요한 원동력이 된다. 글을 쓰면서 우리는 내 안에 있는 감정과 욕구를 솔직하게 드러낼 수 있다. 억울했던 경험, 인정받고 싶은 마음, 또는 과거를 돌아보며 정리하고 싶었던 감정들이 글로 표현된다. 때로는 이러한 감정을 인정하는 것이 부끄러울 수도 있지만, 숨기기보다 자연스럽게 받아들이는 것이 진정한 자기표현의 출발점이다.

둘째, 미학적 열정은 자기표현의 글쓰기를 더욱 풍부하게 만든다. 우리는 아름다운 문장과 표현을 통해 자기 체험을 감각적으로 전하고 싶어 한다. 단어를 고르고, 문장을 배열하며 글의 리듬을 고민하는 과정은 자기 자신을 좀 더 정교하게 드러내는 작업이다. 글쓰기는 단순한 기록이 아니라, 자신의 세계를 가장 효과적이고 매력적으로 전달하는 예술적인 행위가 될 수 있다.

셋째, 역사적 충동은 자기 삶을 기록하려는 동기로 이어진다. 사람마다 자신만의 이야기가 있고, 그것을 남기고 싶은 욕구가 있다. 일기든 회고록이든 자전적인 글이든, 우리는 스스로의 삶을 되돌아보며 의미를 찾으려 한다. 이 과정에서 개인적인 경험이지만 동시에 누구나 공감할 수 있는 보편적인 이야기로 확장될 수도 있다.

넷째, 정치적 목적은 자기표현의 글쓰기가 단순한 감정 표현을 넘어 세상과 소통하고 변화를 만들어 가는 힘이 된다는 것을 말해 준다(물론 이때는 실제로 현실 정치 참여를 말할 수도 있다). 글을 통해 자신의 신념을 드러내고, 세상의 부조리에 문제를 제기하며, 읽는 사람들의 생각을 바꾸는 것은 자기표현의 또 다른 형태다.

이처럼 자기표현의 글쓰기는 '나'라는 존재를 기록하는 것만이 아니라, 나를 둘러싼 세계와 관계 맺고 소통하는 과정이 된다. 조지 오웰이 말한 네 가지 동기는 우리가 글을 쓰는 이유이기도 하며, 글을 통해 자기 자신을 더 깊이 이해하고 성장하도록 돕는 길잡이가 된다.

독자가 공감할 수 있도록 표현하는 것은 체험을 글로 풀어낼 때 가장 중요한 부분이다. 같은 경험이라도 어떻게 풀어내느냐에 따라 전혀 다른 글이 될 수 있다. 이를 위해서는 체험을 단순한 정보가 아닌 이야기로 만들고, 독자가 마치 그 순간을 함께하는 듯한 생생함을 담아야 한다.

보여 주지 말고
겪게 하라

**성공의 비결은
시작하는 것이다.**
_아가사 크리스티

내 글을 읽어 줄 대상을 정하고 글을 쓰면 글 쓸 거리(주제)가 잘 드러나게 된다. 예를 들어 아들에게 편지를 쓸 때는 그의 상황을 떠올리면 자연스럽게 말하고 싶은 내용이 정해진다.

"직장 다니느라 고생이 많구나. 나는 잘 지낸다. 엊그제 코로나에 걸려 고생을 좀 했지만 다행히 잠깐 앓고 회복이 되었다. 코로나가 다시 유행이라니 마스크를 쓰는 게 좋겠더라."

이런 식으로 내가 하고 싶은 말, 아들에게 들려주고 싶은 말, 그에게 도움이 될 만한 내용을 담게 된다. 그런데 만약 같은 내용을 모르는 사람을 대상으로 글을 쓴다면 조금 달라질 것이다.

"최근 코로나가 다시 유행하면서 감염 사례가 증가하고 있다. 나 역시 며칠 전 감염되어 고생했지만, 빠르게 회복했다. 개인 방역 수칙을 지키는 것이 중요하며, 특히 마스크 착용이 예방에 효과적이라는 연구 결과도 있다."

이처럼 독자가 누구냐에 따라 같은 경험도 다르게 표현되며, 글의 성격과 구조가 달라진다. 이는 단순한 글쓰기 방식의 차이를 넘어 우리가 경험을 이해하고 구성하는 방식에도 영향을 미친다. 같은 사건이라도 어떻게 표현하느냐에 따라 기억되고 해석되는 방식이 달라진다. 결국, 표현이 곧 경험을 구성하는 셈이다.

같은 체험이라도 감각적으로 묘사하는 방식에 따라 독자가 느끼는 몰입도가 달라진다. 예를 들어 '여름날 해변에서의 경험'을 글로 쓴다면 다음과 같이 다른 느낌이 든다.

- **사실 중심 글쓰기**: 나는 해변에 갔다. 날씨는 무척 더웠고, 사람들은 많았다.
- **감각적 글쓰기**: 모래가 발끝에서 부드럽게 흩어졌다. 짭조름한 바닷바람이 피부에 닿았고, 파도가 부서질 때마다 아이들의 웃음소리가

섞여 들렸다.

감각을 살리는 글은 독자가 경험을 함께하는 듯한 몰입감을 준다. 체험 기반 글쓰기를 할 때는 단순한 정보 전달이 아니라, 감각적 요소를 활용하여 독자가 '직접 그 상황을 겪는 듯한 느낌'을 받을 수 있도록 해야 한다.

리처드 니스벳은 《생각의 지도》에서 "우리는 세계를 있는 그대로 보는 것이 아니라, 우리가 익숙한 방식으로 해석한다. 우리의 인식과 사고는 우리가 사용하는 언어와 개념 속에서 형성된다"라고 말한다. 글쓰기를 통해 경험이 단순한 기록이 아니라 새로운 의미를 가지도록 구성될 수 있다는 것을 강조하는 구절이다. 같은 체험이라도 어떤 표현을 사용하느냐에 따라 '단순한 사실 전달'이 될 수도 있고, 감정이 담긴 '생생한 경험으로 재구성'될 수도 있다.

삶의 이야기를 전하는 것과 특정한 사상을 전달하는 것이 항상 분리되는 것은 아니다. 그러나 앞서 박경리 선생의 이야기에서 보았듯이, 글이 반드시 주제 의식에 집중해야 하는 것도 아니다. 어떤 글은 삶을 담아내는 것만으로도 충분한 의미를 가진다. 물론, 그렇다고 해서 글쓰기에서 주제 의식을 전혀 고려하지 않아도 된다는 뜻은 아니다.

글쓰기 3원칙

글쓰기는 실제로 글을 쓰면서 배우는 것이 가장 효과적이다. 책을 읽거나 강의를 듣는 것도 글쓰기 지식을 쌓는 데 도움이 되지만, 직접 글을 쓰면서 배우는 것이 훨씬 더 중요하다. 중국 송나라 시인인 구양수는 글쓰기 원칙으로 '많이 읽고(다독), 많이 생각하고(다상량), 많이 쓰라(다작)'라는 3다(三多)의 원칙을 강조했다.

특히, 글쓰기 능력을 키우는 가장 좋은 방법은 '많이 쓰는 것'이다. 인터넷에 댓글을 다는 것도 글쓰기의 일환이지만, 그저 댓글을 많이 단다고 해서 글쓰기 실력이 향상되는 것은 아니다. 중요한 것은 글 한 편을 온전히 완성하려는 노력이다. 한 편을 쓰더라도 끝까지 붙잡고 완성해야 한다. 여러 글을 시작했지만 한 편도 제대로 마무리하지 못한다면, 글쓰기의 성취감을 느끼기도 어렵다.

따라서 단 한 편이라도 자신의 생각을 분명히 담고, 읽는 이에게 의미를 줄 수 있는 글을 써야 한다. 어떤 경험을 했느냐보다 그 경험을 어떻게 해석하고 표현하느냐가 더 중요할 때가 많다. 생각이 정리되면 말이 정리되고, 말이 정리되면 삶이 정리된다. 세상에 내놓는 글이라면 그 글이 왜 쓰였는지, 독자에게 무엇을 전달하려 하는지를 고민해야 한다. 주제 의식을 강요할 필요는 없지만, 글이 전하는 메시지가 모호해서는 안 된다.

글을 잘 쓰고 싶은가? 우선 내가 말하고자 하는 대상과 상황에 대해서(글감) 잘 알고 생각이 정리되어 있어야 한다. 생각 따로, 글 따로인 상태로는 두 줄 이상 생산하기 어렵다. 그렇다면 그 생각이 충분히 내 것이 되었는가, 마음속에서 절실하게 하고 싶은 말이 되었는가를 살펴봐야 한다. 절실한 이야기는 누가 쿡 찌르기만 해도 술술 나오게 된다. 마음속의 절실한 문제가 되지 못한 것을 머리로만 쥐어짜서 만들면 글을 쓰기도 어렵고, 말하고자 하는 바도 제대로 전달하기 어렵다.

또한 평소에 다양하게 관찰하고 꼼꼼하게 따져보는 습관이 필요하다. 특별한 상황이나 목적이 있을 때만 생각을 정리하는 것이 아니라 일상 속에서 늘 사유하는 태도를 가져야 한다. 훌륭한 생각도 사소한 일상에서 비롯되는 경우가 많다. 일상을 무심코 흘려보내지 말고 작은 순간 하나하나를 생각의 대상으로 삼는다면 글감이 부족할 일이 없다. 글쓰기는 이러한 과정 속에서 자연스럽게 익어간다.

만약 이러한 과정 없이 글쓰기 기법만 익혀 글을 잘 쓰려 한다면, 기초 없이 멋진 외관만 신경 쓰는 건축가와 같다. 기초가 튼튼하지 않은 상태에서 화려한 디자인만 강조하면, 처음에는 사람들의 관심을 끌 수 있겠지만 결국 건물은 균열이 생기고 무너지고 만다.

그래서 글쓰기의 진짜 힘은 멋진 문장이 아니라, 관찰하고 생각하며 자신만의 이야기를 만들어 내는 데 있다. 일상을 깊이 바라보며 오늘도 한 줄을 써 내려가 보자. 그 한 줄이 당신만의 목소리를 담은 이야기가 될 것이다.

그냥 '시간'이라고
쓰지 마라

**언어는
생각의 옷이다.**
_새뮤얼 존슨

딸아이가 초등학교 들어가기 전의 일이다. TV에서 가수들이 노래를 부르며 멋지게 화음을 맞추는 모습을 보던 딸이 "소리가 동그랗게 되었어."라는 말을 했다. 순간 깜짝 놀랐다. 화성이 어우러져 입체적인 느낌을 주는 것을 어떻게 표현해야 할지 몰랐던 아이가 '동그랗다'라는 말로 그 감각을 표현한 것이다.

아이는 자기도 모르는 사이에 은유를 사용하고 있었다. 소리라는 추상적인 개념은 시각적인 형태의 동그라미라는 구체적인 대상에 빗대어서 말하고 있고, 화음이 만들어 내는 풍부하고 입체적인 느낌을 동그라미라는 단순하고 명확한 형태로 표현했다. '소리가 동그랗다'라는 은유는 화음이 가진 아름다움과 완전함 그리고 듣는 이에게 주는 포근함을 생생하게 표현해 주었다.

흥미로운 점은, 아이가 의도치 않게 깊이 있는 표현을 해냈다는 것이다. 이는 은유가 의식적으로 발견하고 노력해서 만들어지기도 하지만 이미 우리의 일상 속에서도 자연스럽게 사용되고 있음을 보여 준다.

은유는 글을 살아 숨 쉬게 하는 마법 같은 도구다. 글을 읽는 이가 추상적인 개념이나 복잡한 감정을 더 잘 이해하도록 돕고, 상상력을 자극하여 글쓴이의 의도를 효과적으로 전달하도록 한다. 또한 잘 선택된 은유는 글에 깊이와 아름다움을 더하면서 독자와 강력한 연결 고리를 만든다. 은유는 단순한 비유를 넘어, 우리의 사고와 표현을 풍요롭게 하는 강력한 도구가 된다. 익숙한 대상을 다른 대상에 비유하여 새로운 의미를 부여하고, 독자의 상상력을 자극하며, 복잡한 개념을 간결하게 표현할 수 있게 해 준다.

현대 사회에서는 은유가 '비유'라는 좁은 틀을 벗어나 더 개방적이고 자유로운 방식으로 활용되며, 개념 형성과 사고방식에 영향을 미치고 있다. 과거에는 은유를 단순한 수사적 기법으로 보았으나, 이제는 인간의 개념 체계를 형성하고 사고방식과 행동에까지 영향을 미치는 중요한 요소로 인식하고 있다. 즉, 대상들 간의 유사성을 발견하는 수준을 넘어, 인간의 인지 능력을 통해 새로운 유사성과 관련성을 상상하고 창조하고 있다. 나아가 기존에 갖고 있던 언어 의미를 능동적으로 확대하고 변화시키는 언어 형식이 되었다. 그렇다면 은유가 어떻게 자연스럽게 사용되는지 살펴보자.

은유에 관한 여러 가지 이론

오늘날은 은유를 비교 이론, 상호 작용 이론, 인지의미론 등의 여러 가지 관점에서 바라본다.

먼저 비교 이론에서는 은유를 '-처럼(like)'이 생략된 직유 표현으로 본다. 즉, 두 대상이 비슷하기 때문에 은유가 만들어진다고 생각한다. 이 이론은 은유가 유사성을 기반으로 한다는 점에서는 의미가 있지만, 새로운 의미를 만들어 내거나 창의적인 부문을 설명하는 데는 한계가 있다.

상호 작용 이론은 은유의 창조적인 성격에 초점을 맞춘다. 이 이론에 따르면, 은유는 두 대상의 비슷한 점만 찾는 것이 아니라 어떤 대상(주제)을 강조하거나, 특정한 의미를 더하거나, 변형하는 역할을 한다. 즉, 은유는 단순한 비교가 아니라, 서로 영향을 주고받으면서 새로운 의미를 만들어 낸다.

예를 들어, '서로 어색했던 사람이 친해지려면 마음의 문을 열어야 한다'라는 예문을 보자. 여기에서 원래의 문은 물리적인 문을 뜻하지만, '마음의 문'이라고 표현하면서 새로운 의미가 생성되었다. 문과 마음이 비슷해서 생긴 은유가 아니라, 문을 여는 행위가 사람의 마음을 여는 것과 관련이 있다고 상상하게 만든 것이다. 이 표현을 사용하면서 '마음이 닫힐 수도 있다'거나 '문을 열려면 용기가 필요하다'는 등, 문과 마음 사이의 상호작용이 새로운 의미를 만들어 낸다. 하지만 은유의 의미가 꼭 두 대상 간의 상호작용으로만 만들어진다고 단정할 수 없다는 점에서 한계가 있다.

인지의미론에서는 은유를 인간이 세상을 이해하는 중요한 사고방식으로 본다. 우리가 익숙한 개념(근원 영역)을 이용해 낯설고 추상적인 개념(목표 영역)을 설명하는 방식이다. 예를 들어, '시간은 돈이다'라는 표현은 '돈(근원 영역)'을 활용해 '시간(목표 영역)'을 개념화하는 것이다. 따라서 은유 표현은 우리가 사고하는 방식을 반영한 언어적 표현으로 이해할 수 있다.

또 다른 예로, '인생은 여행이다'라는 은유가 있다. 여기서 '여행(근원 영역)'은 누구나 잘 알고 있는 개념으로, '인생(목표 영역)'이라는 추상적인 개념을 이해하는 데 쓰인다. 여행에는 시작과 끝, 경로, 동반자, 예상치 못한 사건이 있다. 이런 요소들은 인생의 과정, 목표, 만남, 우연의 의미와 연결된다. 그래서 우리는 '삶은 긴 여정이다', '방황한다', '목표에 도달한다' 등의 표현을 자연스럽게 쓴다. 이처럼 인지의미론은 은유를 단순한 수사 기법이 아니라, 우리의 사고 틀과 깊이 관련된 개념적 구조로 본다.

비교 이론이 은유를 단순한 유사성 기반의 표현으로 본다면, 상호 작용 이론은 이보다 적극적으로 의미를 창조하는 과정으로 본다. 그리고 인지의미론은 이를 더 확장하여, 은유가 인간의 사고 체계 자체를 구성하는 중요한 요소라고 설명한다.

은유의 본질은 연결이다. 전혀 다른 두 개념을 연결해 독자가 새로운 방식으로 생각하게 한다. '시간은 흐르는 강물이다'라는 은유는 시간이 멈추지 않고 앞으로 나아간다는 이미지를 전달한다. 이는 우리가 시간이라는 추상적 개념을 물리적 흐름과 연결 지어 이해하도록 만드는 인지의미론에서 말하는 개념적 은유의 대표적인 사례다. 이 간단한 문장은 시간의 본질을 간결하면서도 강렬하게 드러낸다. 은유를 잘 활용하면 내가 하고 싶은 주제를 정확하게 과녁에 명중시킬 수 있다. 연결하라.

은유를 쓰는 방법

1. 관찰에서 시작한다

인상적인 은유는 세심한 관찰에서 비롯된다. 글을 쓰기 전에 묘사하려는 대상을 눈여겨보고, 그것과 닮은 대상을 떠올려 보라. 도시의 야경을 묘사한다고 가정할 때라면 "불빛이 반짝인다"

라고 쓰기보다는 "도시는 거대한 회로판이 되어 반짝이고 있었다"처럼 대상의 특징을 살려 새로운 이미지를 형성할 수 있다.

2. 연결한다

'A는 B다'라는 명제는 A가 아닌 것(B)으로 A를 설명하게 한다. 이때 필요한 것이 연결이다. A가 아닌 B가 A가 되려면 어떠한 지점이라도 찾아서 두 개념을 연결해야 한다. 한 초등학생이 쓴 '내 마음'이라는 시를 보자. '내 마음은/여기저기/꼬인/실뭉치이다./풀려면 자꾸 엉킨다.//내 마음은 서랍장이다./여러 가지 감정이 들어 있다."

김동명 시인의 마음이 호수였다면, 이 학생의 마음은 '실뭉치'이고 '서랍장'이다. 마음이 아닌 것들로 마음을 표현하고 있으나, 우리는 그 상황을 훤히 알 수 있다. 이것이 잘 표현된 은유다.

3. 감각을 확장한다

은유는 하나의 감각을 다른 감각으로 치환하는 데서도 출발할 수 있다. 소리를 색깔로, 온도를 맛으로 바꿔 보는 식이다. 앞에서 말한 화음의 소리를 '음이 동그랗다'라는 표현은 청각적인 이미지를 시각적 감각으로 확장해서 표현했다. 소음이 가득한 거리를 표현할 때도 '도로 위를 달리는 차들은 각자의 소음을 흘리며 거리를 뜨겁게 달구고 있었다'처럼 감각을 넘나드는 표현을 활용할 수 있다.

4. 익숙한 개념을 낯설게 본다

잘 알려진 개념을 색다르게 바라보면 참신한 은유가 나온다. 기존의 고정관념을 깨뜨리면서도 공감할 수 있는 표현을 고민해 보자.

"시간은 포장되지 않은 사탕 같아서 손에 묻어나기 쉽다."
"시간은 벨트처럼, 우리는 그 위에서 끝없이 구르고 있다."

이렇게 시간을 묘사하면 기존의 '흐른다'보다 은유가 더욱 신선한 느낌을 줄 수 있다.

5. 감정을 구체적인 이미지로 변환한다

추상적인 감정을 시각적이거나 촉각적인 이미지로 변환하면 독자의 공감도를 높일 수 있다. 예를 들어 불안감을 표현할 때 '마음속에 가시로 뒤덮인 작은 씨앗이 자라고 있었다'와 같은 방식으로 감정을 구체적인 대상으로 형상화할 수 있다.

6. 자신만의 독창적인 비유를 만든다

기존의 흔한 은유(눈처럼 하얗다, 강철 같은 의지 등)를 벗어나 자신만의 독창적인 비유를 만들어 보자. '사랑은 초콜릿 포장지처럼 열기 전까지는 무엇이 들어 있을지 알 수 없다'와 같이 색다른 접근을 시도해 볼 수 있다.

은유는 세상을 바라보는 새로운 시선에서 시작한다. 조금 더 정확하게는 익숙한 것과 새로운 것을 연결하여 의미를 확장하고자 하는 노력에서 시작한다. 일상을 다르게 관찰하고, 감각을 확장하며, 익숙한 개념을 새로운 시각에서 조명해 보자.

'그의 목소리는 초콜릿처럼 달콤하다'라는 은유는 부드럽고 달콤한 감정을 떠올리게 한다. 하지만 '그의 목소리는 날개 없는 새처럼 허우적거린다'라는 표현은 지나치게 생경하여 매력을 잃는다. 왜냐하면 날개 없는 새라는 이미지는 '희망 없음'이나 '무기력함'을 연상시키기에, 목소리와 연결되면 다소 모호해진다. 좋은 은유는 '생경함'이나 '낯섦'도 중요하지만, 의미가 직관적으로 전달되는지가 더 중요하다.

은유는 글쓴이와 읽는 이가 대화를 나누는 또 하나의 언어다. 글을 쓰는 동안 주저하지 말고 은유를 탐구해 보라. 딱 맞는 은유를 발견하는 과정은 글을 더욱 풍부하게 만드는 동시에 글쓴이의 상상력을 확장시킨다. 은유를 통해 독자는 글 속 세계를 더욱 생생히 느낄 수 있다.

설명이라는 틀에
주장을 녹여라

인류(Man)에 대해 쓰지 말고
한 인간(man)에 대해 쓰라.
_E. B. 화이트

우리가 살면서 가장 많이 만나는 글은 설명문이다. 초등학교 때부터 배우는 과학, 사회, 국어 교과서부터 직장에서 작성하는 보고서, 일상에서 주고받는 메시지까지 설명문은 우리 삶 곳곳에 스며들어 있다. 백과사전, 사용 설명서, 뉴스 기사, 논문, 심지어 요리 레시피까지 모두 설명문의 범주에 속한다.

설명문은 정보를 정확하고 명확하게 전달하는 데 중요한 역할을 한다. 예를 들어 인기 있는 요리 유튜버들은 새로운 요리를 개발하고, 이를 영상으로 촬영해 보여 주며, 영상 아래에 자세한 조리법을 적어 둔다.

그렇다면 설명문을 잘 쓰기 위해 꼭 특별한 글쓰기 기법을 배워야 할까? 꼭 그렇지는 않다. 요리 레시피를 적어 보라고 하면 대부분의 사람이 거부감 없이 글을 쓴다. 내가 알게 된 것, 직접 해 본 것을 다른 사람에게 설명하는 것이 곧 설명문이기 때문이다. 단순히 재료와 만드는 방법을 나열하는 것이 아니라, 요리 과정에서 겪었던 작은 실수나 재미있는 일화를 덧붙이면 글이 훨씬 생생해진다.

예를 들어 '개에 대한 설명문'을 쓴다고 가정해 보자. '개는 포유류이다', '개의 평균 수명은 12~15년이다'처럼 사전적인 정보를 늘어놓는다면 딱딱하고 지루하게 느껴진다. 이미 사전과 인터넷에 널린 정보이기 때문이다. 물론 설명문은 정보를 나누는 글이지만, 읽는 사람이 지루하지 않도록 구체적인 사례와 경험을 더하면 이해시키는 데 더욱 효과적이다. 설명문을 개념으로만 쓰지 말고 내가 직접 경험한 구체적인 사례를 활용해서 한번 써 보자.

우리 집에서 키우던 푸들 '달이'는 우리가 음식을 먹으려고 하면 조용히 다가와 입맛을 다시며 앞에 쪼그리고 앉아 있었다. 입을 오물거리며 바라보는 눈빛이 어찌나 간절한지 가족들은 결국 작은 간식을 나눠 주곤 했다. 나는 모든 개가 이렇게 행동하는 줄 알았지만, 나중에 '토리'를 키우면서 생각이 달라졌다. 토리는 처음부터 훈련을 받아 사람이 먹는 음식에는 관심을 보이지 않았고, 자신의 밥그릇이 나올 때만 반응했다. 같은 개라도 성장 환경과 훈련에 따라 행동이 달라진다.

이런 식으로 내가 아는 '그' 개만이 갖고 있는 특징을 말해 주어야 한다. 그리고 표현도 '우리 개는 장난을 많이 친다'라고 추상적으로 쓰기보다는 '나는 거의 다 맞춘 퍼즐을 테이블 위에 두고 잠시 자리를 비웠다. 그런데 돌아와 보니 강아지가 퍼즐을 헤집어 놓아 다시 처음부터 맞춰야 했다'와 같이 구체적인 상황을 묘사하면 훨씬 생동감 있는 글이 된다.

설득력과 공감의 힘을 높이는 법

설명문은 단순한 정보 전달이 아니라, 내가 경험한 세계를 다른 사람과 나누는 과정이다. 독자가 지루하지 않도록, 내 경험을 녹여 글을 쓰면 훨씬 더 매력적인 글이 된다.

결혼식, 스몰로 가다

친구들 결혼식 준비를 도우며 알게되었다. 결혼하는 데는 예식장 예약, 드레스 투어, 청첩장 일일이 돌리기 등 정말정말 준비할 일이 많다는 것을 말이다. 그래서 막연히 내가 결혼할 때도 당연히 같은 일을 겪을 줄 알았다.

그런데 막상 내 차례가 되자 마음이 바뀌었다. 호텔 예식장 대신 가족끼리 야외 정원에서 만나 덕담하고 밥 먹는 걸로 대신했다. 준비도 한 달이면 충분했고, 청첩장도 모바일로 대신했다.

보통은 스·드·메(스튜디오 촬영, 드레스 대여, 메이크업)에 많은 돈이 들고, 결혼식 당일에도 주인공인 신랑과 신부라기보다는 스태프처럼 분초를 따지는 스케줄로 움직인다는데 우리는 그럴 일이 없었다. 모든 것은 우리가 편한 대로 움직였다.

물론 이래도 되는지 걱정도 했다. 하지만 가족들의 "진짜 우리만의 결혼식 같아서 좋았다"라는 말을 들으니 마음이 놓였다. 결혼식은 남들에게 보여 주는 행사가 아니라, 두 사람이 시작을 다짐하는 순간이면 충분하지 않을까?

꼭 남들처럼 안 해도, 우리만의 방식대로 해도 괜찮다는 걸 확인한 날이었다. 스몰웨딩이 정답은 아니지만, 이런 방식이 더 자연스러워졌으면 좋겠다. 나중에 사진을 봐도, 긴장한 얼굴 대신 웃고 있는 우리가 찍혀 있어서 더 좋았다.

이 글은 글쓴이가 결혼식을 준비하면서 겪은 고민과 선택, 그 속에서 발견한 가치관의 전환을 중심으로 전개된다. '친구들 결혼식'과 '자신의 스몰웨딩'을 비교하며 전통적인 결혼 관행과 새로운 방식 사이의 차이를 구체적으로 보여 준다. '호텔 예식장'과 '야외 정원 식사'의 대비는 독자로 하여금 관습과 본질을 함께 생각하게 만든다.

무엇보다 "이래도 되나"라는 내적 갈등과, "좋았다"라는 가족의 반응은 단순한 경험을 넘어 결혼의 본질은 무엇인가를 묻게 만든다. 이는 보여주기식 결혼보다, 당사자의 의미 있는 선택이 더 중요하다는 글쓴이의 생각을 담고 있다.

이처럼 삶의 중요한 순간에 스스로의 선택을 존중하며 결정해 나가는 모습은 읽는 사람들에게도 자연스럽게 질문을 던진다. 우리는 왜, 어떤 방식으로 살아가려 하는가? 남들이 정한 틀에 따르는 것은 정말 옳은 일인가?

이 글의 설득력은 강한 주장이나 논리적 근거가 아니라, 바로 이 진솔한 경험과 그 안에 담긴 감정에서 나온다. 글쓴이는 무엇이 정답이라고 단정하는 대신, 자신에게 더 잘 맞는 길을 선택한 경험을 공유한다. 그러면서도 독자에게 조용히 묻는다. "남들의 방식이 아니라 나에게 맞는 결혼이 가능하지 않을까요?"

이처럼 글쓴이의 경험은 독자 각자의 삶과도 자연스럽게 연결되며, 그 글을 읽는 사람이 자기의 삶을 돌아보도록 만든다. 누군가는 비슷한 고민을 했거나, 또는 앞으로 하게 될지도 모른다. 따라서 이 글은 단순한 체험담을 넘어서 독자에게도 중요한 질문을 던지는 글이다.

주장하는 글이 꼭 논증적이고 분석적인 형태일 필요는 없다. 때로는 이렇게 삶에서 길어 올린 진심 어린 이야기와 그 안의 작은 질문 하나가 독자의 마음에 깊은 울림을 줄 수 있다. 이 글이 바로 그런 사례다.

문단은
글쓰기의 지도이다

모든 진실은 한 문장으로 표현될 수 있다.
하지만 그 문장을 찾기 위해서는 많은 글이 필요하다.

_앙드레 지드

문장이 모여 문단을 이룬다는 사실을 우리는 어릴 적부터 배운다. 하지만 현대의 많은 글, 특히 인터넷상에 올라 있는 글들은 이러한 기본 원칙을 무시하고 한 줄 쓰고 줄을 바꾸거나 두세 문장마다 줄을 바꾸는 등 전혀 문단에 대한 인식이 없이 글을 쓴다.

갱년기로 몸도 아프고

할 일도 많은데

시간도 오래 걸리고

너무 지치시죠?

위 예시처럼, 인터넷에 게시되는 글은 주로 편의를 위해 문장을 짧게 끊어서 작성한다. 특히 블로그 글은 모바일 환경에서 한눈에 쉽게 읽히도록 문장을 짧게 구성하는 경우가 많다. 또 사진을 게재하면서 사진 설명 위주로 글을 쓰는 경우에는 굳이 문단이라는 개념을 떠올리지도 않는다. PC나 모바일의 가독성은 인쇄된 글과 차이가 있기 때문에 이런 방식의 글쓰기를 비난할 수만은 없다.

사실 학교에서 문단 개념을 배우기는 했지만, 문단을 나누는 이유나 구성 방식을 정확하게 인식하지 못하고 지나가는 경우가 잦다. 중심 문장과 뒷받침 문장으로 구성된 문단 작성법에 대한 이해 부족이 그 원인일 수 있다. 하지만 신뢰감을 주기 위해서는, 특히 칼럼처럼 전문성을 요구하는 글에서는 기본적인 원고 작성법을 따르는 것이 중요하다.

문단은 글을 구성하는 기본 단위이며, 독자가 길을 잃지 않도록 이끄는 역할을 한다. 또한, 서로 독립적이면서도 유기적인 관계를 맺는다. 하나의 문단은 자체적인 의미를 가지지만, 전체 글의 흐름과 논리를 구성할 때는 다른 문단과 긴밀하게 연결된다. 예를 들어, 여행기에서 한 문단은 여행지의 풍경을 묘사하고 다음 문단은 그곳에서의 경험을 설명한다면, 각각은 독립적이면서도 서로 연결되어 독자가 여행을 함께 경험하는 듯한 흐름을 느끼게 한다. 글쓰기에서는 이런 문단의 유기적 연결을 통해 글의 완성도를 높일 수 있다.

　이를 위해 중심 문장과 뒷받침 문장을 잘 구성하고, 문장과 문장, 문단과 문단의 연결을 자연스럽게 이어야 한다. 이렇게 하면 글에 통일성과 일관성이 생기고, 강조점도 자연스럽게 드러난다. 글의 완성도는 문장 연결의 긴밀성, 중심 문장과 뒷받침 문장의 유기성, 그리고 문단 간의 자연스러운 흐름으로 결정된다. 사실 앞의 두 가지를 잘하면 마지막 요소도 자연스럽게 따라온다.

한 문단이라도 제대로

　글쓰기 초보자라면 한 문단을 제대로 쓰는 연습부터 시작하자. 한 문단을 잘 구성하는 것은 전체 글의 완성도를 높이는 출발점이다. 중심 문장과 뒷받침 문장이라는 기본 구조를 기억하며 글을 쓰자. 중심 문장이 반드시 첫 문장에 올 필요는 없지만, 첫 문장에 배치하면 독자가 이해하기 쉽고 글의 방향을 쉽게 파악할 수 있는 장점이 있다.

　글의 주제가 명확해지면 글쓴이도 글의 흐름이 산만해지는 것을 방지할 수 있다. 특히 글의 전개를 연역적(두괄식)으로 할지, 귀납적(미괄식)으로 할지는 글의 성격과 독자의 관심을 고려해

선택할 수 있다. 이러한 문단 구성 원리는 실제 사례에서도 잘 드러난다. 예를 들어 생체모방공학에 관한 다음 글을 보자.

생체모방공학의 연구 대상

생체모방공학은 생명체의 지혜를 모방해 새로운 기술을 배우려는 학문이다. 36억 년에 걸친 진화의 실험실에서 완성된 생명체의 구조와 원리를 모방하여, 인류 생존과 발전에 필요한 기술과 지혜를 개발하려는 시도로, 최근 첨단과학기술 분야에서 각광받고 있다.

배좀벌레조개(Shipworm)와 테임스 터널이야기는 유명하다. 19세기 초 영국의 엔지니어 마크 브루넬은 이 배좀벌레조개의 굴 파기 방식에서 영감을 얻어 테임스 강 아래를 관통하는 '테임스 터널'의 쉴드 터널링 공법을 고안했다. 그는 배좀벌레조개가 좁은 입구로 나무를 파고, 파낸 부스러기를 뒤로 밀어내며 안정적인 터널을 만드는 원리를 착안해, 강철 원통형 쉴드를 이용해 앞부분을 보호하며 굴착하는 방식을 개발했다.

한편, 흰개미의 건축술도 오래전부터 곤충학자들의 흥미로운 연구 대상이었다. 흰개미는 정교한 환기 시스템을 갖춘 개미탑을 지어 내부의 온도와 습도를 일정하게 유지한다. 미로 같은 통로와 외벽에 뚫린 구멍들은 바람의 방향과 속도에 따라 공기의 흐름을 자동으로 조절해 낮에는 시원하고 밤에는 따뜻한 환경을 만든다.

대표적인 사례로 짐바브웨의 이스트게이트 센터가 있는데, 흰개미탑처럼 외벽에 공기 통로를 만들어 에어컨 없이도 실내를 쾌적하게 유지한다. 건축가와 과학자 들은 이러한 흰개미의 건축 원리를 모방해 친환경 건물을 설계하고 있다.
생체모방공학의 연구 대상은 무궁무진하다. 벌새의 초고속 비행, 개미의 방향 탐지 능력, 식물의 감각과 비밀, 미생물의 광물 채취 기술 등 생물로부터 배울 첨단 과학기술 소재는 매우 많다.

이 글은 생체모방공학의 정의와 배경을 설명하며 주제를 제시하는 것으로 시작한다. 바로 중심 문장을 통해 '생체모방공학은 생명체의 지혜를 모방해 새로운 기술을 배우려는 학문'이라는 핵심을 알려 주고, 독자들이 주제의 필요성을 이해할 수 있도록 이끈다. 다음으로 배좀벌레조개와 테임스 터널의 사례를 통해 중심 문장을 확장한다. 배좀벌레조개의 굴 파기 원리를 설명하면서, 이 생물이 파낸 굴의 구조와 원리를 마크 브루넬이 테임스 터널의 쉴드 터널링 공법으로 발전시킨 과정을 자연스럽게 연결한다. 이렇게 문단은 독립적으로 사례를 다루지만, 앞서 제시한 주제와 긴밀히 연결되어 독자가 이해하기 쉽도록 돕는다.
이어지는 세 번째 문단에서는 흰개미의 건축술도 오래전부터 곤충학자들의 흥미로운 연구 대상이었다는 중심 문장을 앞에 두고 흰개미들의 건축술에 대해서 설명을 한다. 네 번째 문단에서는 건축가와 과학자 들이 이러한 흰개미의 건축 원리를 모방해 친환경 건물을 설계하고 있다는 사실을 알린다. 중심 문장이 문단 끝에 배치되어 있다. 마지막으로 글은 생체모방공학의 다양한 가능성을 제시하며 마무리된다. 벌새의 비행, 개미의 방향 탐지 능력, 식물과 미생물의 기술 등 생명체에서 배울 첨단 기술 소재를 나열하며, 앞으로 생체모방공학이 더욱 발전할 가능성을 보여 준다.

이 글은 주제를 제시하고, 구체적인 사례를 통해 주제를 발전시킨 뒤, 가능성을 넓히며 마무리하는 구조로 되어 있어 독자가 주제를 깊이 이해하고 흥미를 느낄 수 있도록 돕는다. 첫째, 둘째, 셋째, 다섯째 문단에서 '중심 문장+뒷받침 문장'의 구성법을 쓰고 있어서 안정적이며, 대체로 두괄식 진행법을 쓰고 있어서 중심 문장 찾기도 어렵지 않다. 그런데 네 번째 단락은 중심 문장이 제일 끝에 오도록 배치를 했다.

글을 쓸 때 중심 문장을 앞장세우는 방식은 글이 선명하다는 장점도 있지만 이런 식으로 쓰인 글은 흥미가 떨어지고 단순해 보인다는 단점도 가지고 있다. 첫 문장을 읽은 뒤에는 긴장감이 사라져 그 뒤를 읽을 마음이 생기지 않을 수도 있다.

그래서 네 번째 문단은 중심 문장을 조금 뒤쪽에 배치를 하고 있다. 하지만 글을 읽을 때에도 중심 문장+뒷받침 문장의 구조를 생각하면서 읽으면 글의 내용을 잘 파악할 수 있다. 다시 다섯 번째 문장에서는 중심 문장을 앞에 두는 형식을 택했다.

중심 문장의 중요성

만약 중심 문장 찾는 연습을 하려면, 중심 문장을 찾기 어려운 문단들을 대상으로 연습하는 것이 좋다. 다음 글의 중심 문장을 찾아보자.

유목 사회에서는 생계를 위해 다양한 동물을 잡아먹었지만, 개만큼은 예외였다. 그 이유는 유목민들이 밤에 천막을 지킬 때 아내나 남편이 아니라 개가 경계를 서고, 위험이 닥치면 주인을 깨워 주었기 때문이다. 개는 생명을 지키는 존재로 여겨졌기에 그들을 먹는 것은 생명의 보호자를 해치는 행위로 여겨졌고, 이는 야만인으로 취급받을 수 있는 일이었다. 반면 농경 사회는 땅을 일구고 안정된 생활을 하면서 스스로 집을 찾아오는 개, 닭, 소, 염소 같은 가축들을 기르고, 필요할 때는 이들을 식량으로 삼았다. 따라서 이러한 역사적 배경을 무시하고 단순히 유목민과 농경민의 식문화를 비교하는 것은 적절하지 않다.

이 글은 중심 문장 찾기가 쉽지 않다. 마지막 문장을 중심 문장으로 삼으려니 '역사적 배경을 무시하고 비교하면 안 되는 것이다'에 중심 내용이 빠졌다. 이럴 때는 '역사적 조건을 무시하고 개 식용 문화를 일반화해서 설명해서는 안 된다'라는 식으로 중심 문장을 유추해야 한다.

읽는 단계에서 문단을 이해했다면 그다음에는 쓰는 단계로 넘어간다. 한 문단에서 다루려는 중심 생각이 잘 펼쳐지도록 한다는 목표를 두고 문단을 완성해 본다. 중심 문장+뒷받침 문장의 구조를 머릿속에 생각하면서 써야 한다. 그래야 안정적인 글이 된다.

앞에서도 말했듯, 문단의 중심 문장이 반드시 첫 문장에 올 필요는 없다. 예문 〈생체모방공학의 연구 대상〉의 네 번째 문단에서는 '대표적인 사례로는 짐바브웨의 이스트게이트 센터가 있다'라는 중심 문장을 제일 끝에 배치해 두었다. 여기서는 중심 문장 앞에 설명과 사례를 모은 뒤 결론적으로 주제를 명확히 보여 준다. 이처럼 중심 문장이 문단의 끝에 배치되는 귀납적 방식은 독자의 흥미를 유도하고, 세부 설명을 먼저 전달한 후 주제를 정리하는 데 효과적이다.

그러나 글쓰기 초보자라면 중심 문장을 문단의 시작 부분에 두는 두괄식이 글의 방향성을 잡고 이해를 돕는 데 유리하다. 중심 문장+뒷받침 문장의 형태로 문단을 작성해 보자. 문단 하나를 완성하는 능력이 생기면 글쓰기에 자신감이 붙는다. 자신감이 쌓이면 전체 글을 한꺼번에 쓰는 도전을 해 본다. 보통 3~7개 정도의 문단을 완성해서 그것을 흐름과 순서에 맞게 배열하면 된다.

　네모 칸을 활용해 문단을 구성하는 연습을 할 때에는 먼저 중심 문장을 한 문장으로 정리한다. 그다음, 뒷받침 문장을 추가하고, 마지막으로 문단 간 연결을 고려하여 배열한다. 이렇게 하면 글의 흐름을 쉽게 조정할 수 있다. 그런 뒤 하나의 네모칸을 한 문단으로 정리하면 전체 글이 완성되는 식의 과정을 반복해 본다. 긴 글 쓰기도 한 문단 쓰기에서 시작된다.

일단 다섯 문단만
써 보라

**글쓰기는
종이 위에서 하는 생각이다.**
_윌리엄 진서

    다섯 문단 쓰기는 글을 구조적으로 체계화하는 방법으로, 한 편의 글을 서론, 세 문단의 본론, 결론의 총 다섯 개 문단으로 구성하는 글쓰기 방식이다. 일반적으로 첫 번째 문단은 글의 주제를 제시하는 서론, 네 번째 문단까지는 본론으로서 핵심 내용을 전개하는 부분, 마지막 다섯 번째 문단은 결론으로 요약과 마무리를 담당한다. 이 방식은 논리적인 글쓰기를 쉽게 배우고 익히는 데 유용한 틀로 활용된다. 쉽게 말해서 '서론1+본론3+결론1'의 구조로 작성하는 글쓰기 방법이다.

    다섯 문단 쓰기는 미국의 교육 시스템에서 학생들에게 논리적인 글쓰기를 가르치기 위해 널리 사용된 방식으로 알려져 있다. 특히 중·고등학교에서 에세이 작성법을 교육할 때 활용되며, 대학 입학시험이나 논술 시험에서도 기본적인 글쓰기 구조로 활용된다. 또한 SAT, TOEFL과 같은 영어 시험에서도 이러한 구조의 에세이를 요구하는 경우가 많다. 국내에서도 일부 국제 학교나 영어 글쓰기 교육 과정에서 다섯 문단 쓰기를 강조하며 가르치고 있다.

다섯 문단 쓰기를 활용하여 글쓰기 훈련을 하면 논리적으로 사고하는 능력을 기를 수 있으며, 글의 구조를 명확히 구성하는 습관을 들일 수 있다. 특히 서론에서 명확한 주제를 제시하고, 본론에서 이를 뒷받침하는 구체적인 근거를 배열하며, 결론에서 논지를 정리하는 과정이 반복되면서 설득력 있는 글쓰기가 가능해진다. 또한 이 방식은 시간제한이 있는 글쓰기(논술 시험 등)에서 효과적인 전략이 되며, 다양한 글쓰기 분야(논술, 보고서, 연설문 등)에서도 응용할 수 있다. 다음은 다섯 문단 쓰기의 보기 글이다.

반려동물 보유세 신설의 필요성

반려동물 양육이 보편화되면서 사회적 비용도 함께 늘고 있다. 2022년 기준 국내 반려동물 양육 가구는 전체의 30%를 넘으며, 유기동물 보호 예산은 연간 수백억 원에 달한다. → 서론

반려동물 보유세는 단순한 세금이 아니라 책임 있는 반려동물 문화를

정착시키는 역할을 할 수 있다. 세금 부과는 무책임한 입양을 방지하고, 반려동물에 대한 책임 의식을 강화한다. 독일과 스위스 등에서는 보유세 수익 일부를 동물 복지 정책에 활용해 유기동물 관리, 동물 등록제 운영 등을 개선하고 있다. → **본론1**

이미 보유세를 시행 중인 독일은 개 사육 가구에 연간 약 100~150유로의 세금을 부과하며, 맹견은 더 높은 세율을 적용한다. 이로 인해 등록률이 높아지고 유기견 발생이 감소했다. 반면 한국의 동물등록제는 등록률이 50% 미만에 그쳐 실효성이 낮다. → **본론2**

반려동물 보유세는 증가하는 사회적 비용을 감안할 때 꼭 필요한 대안이다. 공정한 비용 부담과 동물 복지 향상, 책임 의식 강화에 기여할 수 있으며, 해외 사례에도 등록제 연계가 효과적인 관리 수단이 됨을 보여준다. → **본론3**

반려동물 보유세는 공공 부담을 줄이고 동물 복지를 높이며 책임 있는 반려문화를 조성할 수 있는 정책적 대안이다. 해외 사례를 참고하면서 국내 상황에 맞는 형평성과 지원 방안을 함께 고민해야 한다. → **결론**

　이 글은 서론, 본론1(증가하는 사회적 비용), 본론2(동물 복지 향상 및 책임 의식 강화), 본론3(해외 사례와 정책적 고려), 결론의 다섯 문단으로 구성돼 있다. 다섯 문단 쓰기로 인공지능 시대의 문제점이라는 글을 쓴다고 해 보면 다음과 같이 구성될 것이다.

1. 서론

서론에는 글의 주제를 소개하거나 글의 전반적인 흐름을 간략하게 짚어 주고 본론에서 어떤 내용을 다룰지 예고한다. "인공지능은 현대 사회의 필수적인 요소가 되었지만, 그 발전과 함께 윤리적인 문제점들이 제기되고 있습니다. 본 글에서는 인공지능의 윤리적 문제점을 세 가지 측면에서 분석하고, 그 해결 방안을 모색하고자 합니다." 하는 정도로 쓰면 된다.

2. 본론1

본론은 정작 자기가 하고 싶은 말을 적는 부분인데 다섯 문단 글쓰기에서는 본론을 세 문단으로 작성하게 된다. 본론1에서는 주제와 관련된 첫 번째 핵심 내용을 제시하고, 구체적인 사례나 근거를 들어 주장을 뒷받침한다. "인공지능은 일자리 감소를 야기할 수 있습니다. 예를 들어, 자동화된 시스템 도입으로 인해 제조업 분야에서 많은 노동자가 일자리를 잃고 있습니다."와 같은 식으로 쓴다.

3. 본론2

본론2에서는 두 번째 핵심 내용을 제시하고, 마찬가지로 사례나 근거를 들어 주장을 뒷받침한다. "인공지능은 개인 정보 침해의 위험을 안고 있습니다. 예를 들어, CCTV와 안면 인식 기술을 통해 개인의 동선을 추적하고 사생활을 침해할 수 있습니다."와 같이 쓰면 된다.

4. 본론3

본론3에서는 세 번째 핵심 내용을 제시하고, 사례나 근거를 들어 주장을 뒷받침한다. "인공지능은 인간의 통제를 벗어날 수 있습니다. 예를 들어, 자율주행차 사고 시 책임 소재가 불분명하고, 인공지능이 스스로 판단하여 예측 불가능한 결과를 초래할 수 있습니다."와 같은 식으로 이 주제를 다루게 된다.

5. 결론

결론은 내용을 요약하거나 앞으로의 전망을 제시하게 된다.

다섯 문단 쓰기는 글을 체계적으로 구성하고 논리적으로 전개하는 데 매우 유용한 방법이다. 처음에는 형식적으로 보일 수 있지만, 익숙해지면 다양한 글쓰기 상황에서 활용할 수 있는 기본 틀이 된다. 특히 논리적인 글쓰기가 중요한 시험이나 보고서 작성에서 효과적인 도구로 활용되며, 이를 기반으로 더 깊이 있는 글쓰기로 발전시킬 수도 있다.

연습장

'혼자 하는 여행의 즐거움'을 다섯 문단 쓰기로 쓴다면,

문단1(서론) 요즈음 젊은이들이 혼자 여행을 좋아한다.
문단2(본론1) 누구 눈치 보지 않고 계획을 짤 수 있다.
문단3(본론2) _____
문단4(본론3) _____
문단5(요약) 두려워하지 말고 떠나 보자.

사람을 끌어들이는
고수의 진짜 전략

**세상은 연극,
사람은 배우.**

_셰익스피어

두괄식은 글의 핵심을 파악하는 시간을 줄일 수 있다. 특히 시간이 없는 상사나 의사 결정권자들은 두괄식을 선호한다. 핵심부터 알고 싶어 한다. "그래서 결론이 뭐야?", "그래서 어떻게 하자는 거야?"라는 질문을 자꾸 하게 되는 것도 그 때문이다.

두괄식의 구조는 글의 이정표가 앞에 있기 때문에 옆길로 새어 나가는 것을 막을 수 있다. 목표가 선명하게 제시되었기 때문에 이야기가 엉뚱한 방향으로 흘러가지 않는다. 또한, 글의 논리적 흐름이 흔들릴 위험이 적어진다. 그래서 독자들도 어떤 내용이 올지 가늠하기가 쉽다. 업무용 글쓰기를 하는 사람들은 두괄식으로 글을 쓰는 것이 더 효과적이다. 두괄식이 효과적인 경우는 보고서, 뉴스 기사, 비즈니스 이메일, 공문서 등이 있다.

그런데 이런 장점과는 달리 우리나라 사람들은 대체로 두괄식보다 미괄식을 선호한다. 한 문단 안에서는 두괄식으로 구성했더라도, 문장 전체에서는 미괄식으로 쓰는 경우가 많다. 한국말을 끝까지 들어 봐야 한다고 했던가? 우리의 소통 문화가 하고자 하는 말을 앞에다 세워 놓고 거두절미하고 용건을 말하는 방법을 부담스러워하기 때문이기도 하다. 미괄식이 효과적인 경우는 소설, 스토리텔링 기반 칼럼, 연설, 논설문 등을 들 수 있다.

두괄식 예문

한국 사회에서 두괄식 글쓰기가 필요한 이유는 독자가 핵심 내용을 빠르게 파악할 수 있기 때문이다. 특히 비즈니스 환경에서는 시간이 중요한 요소이므로, 핵심 내용을 앞에 배치해야 한다. 또한, 상사나 의사 결정권자는 요점을 먼저 알고 싶어 하기 때문에 두괄식이 효과적이다.

미괄식 예문

업무 이메일을 작성할 때, 어떤 방식이 더 효과적일까? 상사는 바쁜 일정 속에서 많은 이메일을 확인해야 한다. 보고서를 검토할 시간도 제한적이다. 따라서, 두괄식으로 글을 쓰면 핵심을 빠르게 전달할 수 있다. 그렇기에 두괄식이 업무 환경에서 더 적절한 방식이다.

스토리텔링 형식의 글에서는 미괄식이 좋다. 극적 효과를 위해서는 중요한 단서나 결말을 일부러 최대한 늦춰서 보여 주기도 한다. 다음은 역사적 사례를 각색한 이야기다.

1960년대 미국 하버드대 로스쿨의 한 학생이 학부모와 동문들 앞에서 연설을 시작했다. "우리나라 거리는 혼란의 도가니입니다. 대학들은 폭동과 난동을 피우는 학생들로 가득 차 있습니다. 공산주의자들은 우리나라를 호시탐탐 파괴하려 하고 있습니다. 러시아는 무력으로 우리를 위협하고 있습니다. 국가의 도처에 지금 위험이 도사리고 있습니다. 그렇습니다! 내부의 적과 외부의 적이 들끓고 있는 지금 우리나라에는 법과 질서가 필요합니다. 법과 질서가 없다면 우리나라는 살 수가 없습니다." 청중들은 박수로 화답했다. 연설을 마친 학생은 박수 소리가 잦아든 뒤, 잠시 침묵을 지키다가 이렇게 말했다. "방금 제가 한 연설은 1932년 아돌프 히틀러가 한 연설입니다."

이 대목은 하워드 진의 《오만한 제국》에서도 언급된 바 있다. 히틀러는 법과 질서의 필요성을 강조하며 사람들을 선동했고, 그 결과로 권력을 잡았다. 그리고 그 권력으로 1935년 '뉘른베르크법'을 통과시켰다. 이 법은 독일 내 유대인의 국적을 박탈하고, 독일인과의 결혼을 금지하며, 공직 진출을 금지하는 내용을 담고 있었다.

적법한 절차와 법이라는 이름 아래 진행된 이 과정은 정의와는 거리가 멀었다. 오히려 법과 질서가 사회의 안전을 담보하는 것 같지만, 권력자에 의해 악용될 수 있음을 강하게 시사한다.

결국 중요한 것은 형식 그 자체가 아니라, 그것이 독자와의 소통을 어떻게 강화하느냐에 있다. 두괄식은 신속한 판단을 돕고, 미괄식은 깊은 인상을 남긴다. 특히, 스토리텔링이 중심이 되는 글에서는 독자의 감정과 사고를 천천히 이끌어 가는 미괄식이 강력한 힘을 발휘한다.

히틀러 연설을 차용한 사례처럼, 정보의 배열만으로도 전혀 다른 반응을 끌어낼 수 있다. 글쓰기란 단지 내용을 전달하는 일이 아니라, 그 내용을 어떻게 보여 줄 것인가에 대한 전략이기도 하다.

요약은
나의 힘

> 요약은 이해를 돕는
> 가장 효과적인 도구이다.
>
> _알버트 아인슈타인

"한 줄로 표현할 수 없는 영화는 히트할 수 없다." 영화 제작자 데릴 자눅의 말이다. 이야기가 명확하고 간결해야 사람들의 기억에 남는다는 말이다. 물론 어떤 영화는 문장으로 요약하기 어려운 복잡한 서사를 담고 있지만, 그 깊이와 감정적인 울림 덕분에 관객들에게 오랜 시간 사랑받고 있다. 중요한 것은 이야기의 복잡성 여부가 아니라 그 이야기가 관객들에게 얼마나 강렬한 인상을 남기는가에 달려 있다는 점이다. 그래서 사람들의 기억을 사로잡으려면 명료하게 정리되어야 한다.

이야기를 잘하는 사람을 보면 선택과 집중을 잘한다. 자기가 겪은 일을 말한다 하더라도 겪은 일 모두를 말할 수는 없다. 각자의 자리에서 자기가 중요하다고 생각되는 부분을 중심에 놓고 이야기를 구성하게 되는데, 이 과정에서 복잡한 내용도 다른 사람이 이해할 수 있게 해 준다. 요약 능력이 좋은 사람은 겪은 일을 글로 쓸 때도 여러 면에서 능숙하게 쓸 수 있다. 사건이나 경험의 중요한 부분을 빠르게 식별하고, 그 핵심을 중심으로 이야기를 구성한다. 그래서 중요한 내용에 집중할 수 있도록 함으로써 흥미를 유지하게 한다. 불필요한 정보를 줄이고 중요한 사건을 중심으로 글을 전개하면 몰입도가 높아진다.

기자는 뉴스를 요약하고, 리뷰어는 영화의 핵심 장면을 추린다. 작가는 이야기를 구성할 때 수많은 사건 가운데에서 가장 중요한 순간을 선택해야 한다. 소설에서도 단순한 사건의 나열이 아니라, 핵심적인 순간을 중심으로 이야기를 전개하는 것이 몰입도를 높인다. 글쓰기는 결국 현실과 사고를 압축하는 과정이다.

아침에 집을 나서 회사에 다녀오는 행위를 몇 문장으로 표현할 수 있을까? 여러 문장이 필요할 수도 있지만, '나는 아침 일찍 집을 나서 저녁 늦게야 다시 돌아왔다'처럼 한 문장으로도 충분하다. 그러나 도중의 이야기가 중심이 된다면, 단순히 '회사를 다녀왔다'라는 한 문장은 중심 화소가 될 수 없다. 중심 화소는 이야기의 주제를 뒷받침하고, 독자가 글의 흐름을 따라가도록 돕는다. 글쓰기는 이렇게 연속된 현실과 생각 속에서 의미 있는 부분을 선택해 전략적으로 재구성하는 작업이다.

요약 능력이 좋은 사람

어느 날 친구와 함께 여행을 다녀온 여행기를 쓴다고 가정해 보자. 요약 능력이 부족한 사람은 여행 중에 겪은 모든 일을 세세하게 기록하려고 한다. 아침에 먹은 음식부터 시작해서, 관광지에서 본 풍경, 만난 사람들, 심지어 길을 잃은 이야기까지 모두 포함시키고 싶어 한다. 그 결과 글은 길어지고, 핵심 내용은 모호해진다.

반면에 요약 능력이 뛰어난 사람은 여행의 핵심적인 부분을 빠르게 파악하고, 그 부분을 중심으로 이야기를 구성한다. 또 글의 목적에 따라 어떤 부분을 선명하게 가지고 와야 하는지를 잘 파악할 수 있다. 예를 들어, 여행의 목적이 새로운 문화를 체험하는 것이었다면 그 문화의 대표적인 유적지와 음식, 사람들의 생활 방식 등을 중심으로 글을 쓸 것이고, 친구의 중요성을 다시 한번 깨달은 이야기라면 친구와 있었던 일의 과정을 중심에 놓고 글을 쓰게 될 것이다.

사건이나 경험의 중요한 부분을 빠르게 식별하고, 그 핵심을 중심으로 이야기를 구성하는 능력은 글쓰기에도 꼭 필요하다.

일기는 하루의 요약이요, 독후감과 기행문은 책과 여행의 요약이다. 자서전은 인생의 요약이고, 나를 한마디로 요약하면 그것이 나의 정체성이다.

요약 능력을 통해 독자가 중요한 내용에 집중하고 글의 흥미를 유지하도록 한다. 불필요한 정보를 줄이고 중요한 사건을 중심으로 글을 전개하면 독자의 몰입도가 높아진다. 요약은 자신의 경험을 정리하고 표현하는 데 매우 유용하다. 다시 말해, 서사는 요약에서 출발한다. 이야기는 그 자체로 복잡한 현실을 단순화하는 과정이며, 그 안에서 핵심을 정리하는 것이 바로 요약이다.

다만, 단순한 사건의 나열이 아니라 가장 중요한 순간을 선택하고 이를 통해 독자가 공감할 수 있도록 구성하는 것이야말로 글쓰기의 핵심이다. 긴 시간에 걸쳐서 이루어진 사건들을 어떤 관점에서 요약할 것인지가 결정되지 않으면 어떤 경험도 서사로 건너가지 못한다. 요약이 '발견'이 되는 까닭이 여기에 있다. 지금 일어난 사건을 비판적으로 볼 것인가 긍정적으로 볼 것인가부터 결정하고 그 사건 중에 가장 주된 흐름을 찾아내 본다.

유시민 작가는 "나는 경찰서에 잡혀가 진술서를 작성하면서 본격적인 글쓰기 공부를 시작하게 되었다."라고 핵심을 짚어서 말한 것으로 유명하다. 경찰서에서 쓰는 진술서라는 것은 자기가 어떤 죄를 지었는지 알기 쉽게 요약해서 적는 글이다. 고통스러운 반복 글쓰기를 끝내려면 시작과 끝이 있는 설득력 있는 요약을 해서 진술서를 써내야만 했다고 한다.

요약의 기술

요약은 단순히 길이를 줄이는 작업이 아니다. 본질을 파악하고, 핵심을 추출하며, 복잡한 내용을 명확하게 정리하는 과정이다. 좋은 요약을 하는 능력은 곧 사고의 깊이와 직결되며, 이는 곧 글쓰기의 핵심 요소가 된다. 우리가 대형 쇼핑몰의 본질이 유통업이 아니라 부동산 사업이라는 점을 이해하면 그 운영 방식과 전략이 달리 보이는 것처럼, 어떤 개념이든 그 본질을 꿰뚫어 보는 사람이 논리적인 글도 잘 쓴다.

요약이 뛰어난 사람들은 몇 가지 공통적인 특징을 갖는다. 이들은 단순한 줄이기가 아니라, 정보를 재구성하고, 구조화하며, 핵심을 전달하는 능력을 가진다. 요약을 잘하기 위해 필요한 능력을 살펴보자.

1. 정의 내리기

정의를 내려 본다는 것은 해당 주제나 개념에 대해 명확한 경계를 설정하는 작업이다. 우리는 김연아 선수를 두고 '은반의 여

왕'이라고 지칭하기도 하는데, 이것이 정의를 잘 내린 사례라 할 수 있다. 이는 외적 이미지만을 묘사하는 것을 넘어서, 그가 피겨스케이팅이라는 분야에서 보여 준 탁월한 기교, 우아한 동작, 그리고 예술적 감각 등 본질적인 특성을 상징적으로 응축해 나타내기 때문이다. 또한 단순한 승리자 또는 선수라는 정체성을 넘어, 그 분야에서 독보적인 위치와 리더십, 문화적 영향력을 함께 함축하는 개념이다. 이러한 표현은 김연아 선수가 이룬 성과와 쌓아 올린 이미지를 포괄적으로 정리해서 나타내 주고 있다. 요약 작업에서 핵심을 파악하고 재구성하는 과정과 유사한 원리를 따른 것이다.

2. 본질 파악하기

표면적인 내용 너머에 숨겨진 핵심 의미가 본질이다. 대형 쇼핑몰이 단순한 유통업이 아니라 부동산 사업으로 접근되어야 하는 이유는 단순 물건 판매가 아니라 공간의 관리와 활용, 고객 경험 증대를 통한 부가가치 창출에 그 본질이 있기 때문이다.

2020년 3월 25일 자 〈조선일보〉 생활경제면에는 이마트 마곡 부지 매각에 관련한 기사가 실렸다. 기사에 따르면 이마트는 이마트 마곡 부지를 8천억 원에 매각한다고 밝혔다. 그런데 이 부지는 2014년에 2천4백억 원에 샀던 땅이다. 약 6년 만에 5천6백억 원 정도의 이익을 본 셈이다. 이와 같이, 특정 현상을 단순 사실의 나열이 아니라 그 근본적 동인을 분석하려는 자세가 필요하다.

이러한 사례는 광천수에서도 들 수 있다. 광천수가 샘솟는 모습은 각양각색이다. 분출하며 넘쳐흐르듯이 솟아나는 광천수, 끝없이 콸콸콸 흘러나오는 광천수, 그런가 하면 똑똑똑 떨어지는 광천수도 있다. 광천의 가치를 모르는 사람은 물의 양으로 그 풍요로움을 판단한다. 그러나 광천의 효과는 물의 양이 아니라 함유 성분에서 나온다. 표면적인 양으로 판단하는 이와, 물의 깊은 속성을 이해하는 이는 본질을 바라보는 시각이 다르다.

글쓰기 역시 이와 같다. 본질을 파악한다는 것은 단순 정보의 나열을 넘어서, 깊이 있는 분석과 재구성을 통해 독자에게 진정한 가치를 전달하는 일이다.

3. 도식화하기

도식화는 요약하기에서 빼놓을 수 없는 능력이다. 도식화해 보기는 복잡한 정보를 시각적으로 재구성하여 체계적인 이해를 돕는 과정이다. 예를 들어, 한 복잡한 연구 주제를 이해하기 위해 마인드맵이나 플로차트를 그려 주요 개념들 간의 관계를 도출해 보는 것이 이에 해당한다. 이러한 도식화는 자료의 상호 연관성을 한눈에 파악할 수 있도록 해서 요약 작업의 기초 자료로 활용된다. 사실 써야 할 내용을 종이 한 장에 그리고, 말하고자 하는 내용을 머릿속에 그릴 수 있어야 말하기도 글쓰기도 쉽게 할 수 있다. 다음은 운전면허 발급 과정을 도식화한 그림이다.

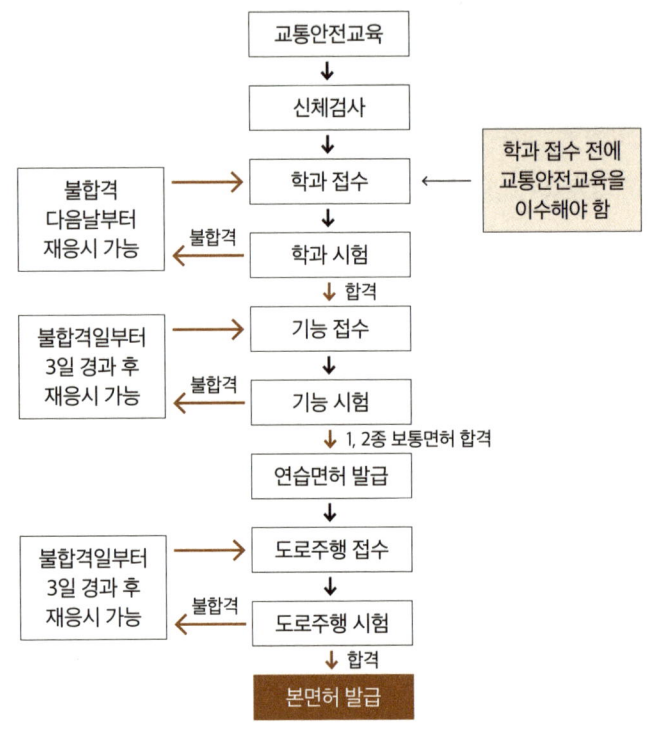

<운전면허 취득 방법>

이 그림을 보면 단계별로 흐름을 화살표와 상자 형태로 나타내어 과정을 직관적으로 이해할 수 있다. 각 단계의 관계와 절차가 한눈에 보인다. 또 중요한 정보와 분기점(불합격 시 처리 방

법 등)을 강조하기가 쉽다. 색상이나 크기, 위치로 시각적 구분을 쉽게 할 수 있다. 정보가 복잡하면 읽는 사람이 중간에 내용을 놓칠 가능성이 크다. 이렇게 도식화하면 텍스트를 최소화하고 필요한 핵심 내용만 담는다. 따라서 복잡한 과정을 간단하게 요약하는 데 유리하다.

무엇보다도 한눈에 절차를 파악할 수 있어 시간을 절약할 수 있다. 도식화는 과정의 흐름을 시각적으로 표현하여 빠르게 이해하고자 할 때 유용하며, 줄글은 세부적인 설명과 맥락을 추가로 전달해야 할 때 더 적합하다. 그러나 도식화는 정보를 요약하기 때문에 텍스트 기반 문서처럼 상세한 설명을 포함하지 못한다. 정보량이 많으면 추가적인 참고 자료나 부연 설명이 필요해진다. 줄글이나 추가적인 설명 자료와 병행해서 사용하는 것이 좋다.

4. 범주화하기

범주화란 정보를 유사한 성격이나 주제별로 분류하는 작업이다. 이를 통해 복잡한 내용을 체계적으로 정리하고, 필요한 정보를 보다 쉽게 찾을 수 있다. 예를 들어, 도서관에서는 책을 분야별로 분류하여 이용자가 원하는 도서를 신속하게 찾을 수 있도록 한다. 도서관에는 엄청나게 많은 장서가 꽂혀 있다. 그런데 그 수많은 책 속에서도 도서번호만 있으면 필요한 책을 금방 찾을 수 있다. 이것이 범주화의 힘이다.

슈퍼마켓의 상품 배치도 생각해 보자. 다양한 상품들이 있지만, 비슷한 용도의 제품들은 함께 진열되어 있다. 예를 들어, 식품 코너에서는 유제품, 곡물, 조미료 등으로 구분되고, 전자제품 코너에서는 TV, 노트북, 스마트폰 등으로 분류된다. 이러한 범주화 덕분에 소비자는 필요한 물건을 보다 쉽게 찾을 수 있으며, 상점 운영 측면에서도 효과적인 재고 관리와 마케팅 전략을 수립할 수 있다.

일상생활에서 사람들은 다양한 방식으로 정보를 범주화하며, 이를 통해 사고를 정리하고, 결정을 내리며, 효율적으로 행동한다. 다만 사람들이 '나는 지금 범주화하고 있어'라고 느끼지 못할 뿐이다. 살아 있는 생명체는 다 범주화할 수 있는 능력이 있다. 최하등 동물인 아메바도 먹을 수 있는 것과 먹을 수 없는 것의 범위를 안다. 이는 생존을 위한 본능적인 반응이며 감각기관을 통해서 환경을 인식하고 반응하는 방식이다.

아기들이 낯가림을 하는 것도 일종의 범주화 행위다. 아기들은 반복적으로 본 얼굴(양육자 등)은 '나에게 안전한 존재'로 인식하고, 낯선 얼굴은 '안전한지 알 수 없는 존재'로 구분하여 경계하는 모습을 보인다. 이는 인간이 환경을 인지하고 적응하는 초기 과정에서 자연스럽게 나타나는 현상이다.

범주화는 밀접하게 연결된 인지 과정을 통해 일반화함으로

써, 인간이 세상을 이해하고 적절히 대응하는 데 중요한 역할을 한다. 범주화란 특정 대상이나 정보를 유사한 속성을 기준으로 묶는 과정이다. 예를 들어, '과일'이라는 범주에는 사과, 배, 바나나 등이 포함되며, 이들은 '먹을 수 있는 달콤한 식물성 음식'이라는 공통점을 가진다. 이렇게 분류된 정보는 이후 새로운 경험에 적용될 수 있는 일반적인 원리를 형성하는 데 도움을 준다.

일반화는 범주화를 통해 얻은 경험과 개념을 새로운 상황에 적용하는 과정이다. 예를 들어, 한 아이가 '뜨거운 물체를 만지면 위험하다'라는 경험을 통해 '불에 달궈진 프라이팬', '끓는 물', '뜨거운 난로' 등을 위험한 것으로 인식하는 것이 일반화의 결과이다. 즉, 특정 사례에서 얻은 정보를 더 넓은 범위로 확장하는 것이 일반화다. 일반화는 범주화를 바탕으로 확장된다.

범주화와 일반화는 학습과 문제 해결에서 중요한 역할을 하게 된다. 첫째, 언어 학습을 하며 아이가 '강아지'라는 단어를 처음 배울 때, 특정한 강아지만을 지칭하는 것이 아니라 다양한 종류의 강아지를 모두 포함하는 개념으로 일반화한다. 둘째, 의사 결정 방법이 된다. 한 사람이 특정한 직업군에서 요구되는 능력을 범주화하면, 유사한 직업을 선택할 때 일반화된 기준을 적용할 수 있다. 마지막으로, 위험을 회피할 수 있게 한다. 범주화된 위험 요소(맹수, 독버섯, 낯선 사람 등)는 일반화를 통해 경계심을 유지하도록 만든다.

그러나 잘못된 일반화의 위험은 경계해야 한다. 범주화는 유용한 도구이지만, 부정확한 일반화를 초래할 수도 있다. 예를 들어, 특정 집단에 대한 고정관념이나 편견(모든 ○○인은 이렇다 등)은 잘못된 일반화의 사례다. 따라서 올바른 기준을 바탕으로 신중하게 일반화해야 한다. 범주화는 정보를 정리하고 이해하는 기초 과정이며, 일반화는 이를 바탕으로 새로운 상황에 적용하는 확장 과정이다. 두 개념은 서로 보완적으로 작용하며, 인간의 사고력, 학습 능력, 문제 해결 능력에 중요한 역할을 한다.

5. 차서로 정리하기

차서(次序)란 사물이나 사건의 순서 또는 일정한 규칙에 따라 배열된 순위를 의미하며, '차서를 정한다'라는 말은 어떤 일이나 사물의 순서를 결정하는 행위를 뜻한다. 예를 들어 회의 진행 순서를 정하는 것(발표 → 토론 → 질의응답), 업무의 우선순위를 정하는 것(긴급한 일 먼저 처리하고, 덜 중요한 일은 나중에), 문장이나 글의 전개 순서를 정하는 것(서론 → 본론 → 결론) 등이 있다. 이처럼 차서를 정한다는 개념은 정리, 계획, 조직화와 밀접한 관련이 있다.

글쓰기에서 차서를 정한다는 건 정리된 정보를 논리적이고 일관성 있게 배열하는 작업이다. 예컨대, 역사적 사건을 다루는 글의 요약을 작성할 때 사건이 발생한 시기 차서대로 배열하여 독자가 시간의 흐름에 따라 내용을 이해할 수 있도록 하는 것이 이에 해당한다. 차서를 재정렬함으로써, 요약된 내용이 본문의 논리적 전개를 온전히 반영할 수 있도록 하였다.

　차서를 정하는 것은 역사적 사건뿐만 아니라 다양한 분야에서 활용된다. 예를 들어, 요리 레시피에서는 조리 과정의 차서를 정하는 것이 필수적이다. 재료 손질 → 양념 준비 → 조리 → 플레이팅과 같이 일정한 차서를 따르지 않으면 요리가 제대로 완성되지 않는다. 또한, 법률 문서 작성에서도 논리적 차서가 중요하다. 계약서를 작성할 때, 계약 당사자 정보 → 계약 목적 → 권리와 의무 → 위약 조항 → 계약 기간 순으로 차서를 정해야 문서의 논리적 흐름이 유지된다.

　이처럼 차서를 정하는 것은 정보를 구조화하여 이해하기 쉽게 만들고, 논리적 일관성을 유지하는 데 중요한 역할을 한다. 우리가 흔히 글을 쓸 때 첫째, 둘째, 셋째 하면서 정리하는 방법이 바로 차서(순차적 정리)다. 순서를 매겨서 정리하면 글이 다른 방향으로 튀어나가는 것을 붙잡아 주는 안전장치가 된다.

　지금까지 우리는 글을 구성하는 기본적인 구조와 논리적 흐름을 살펴보았다. 문단을 정리하고, 논점을 명확히 하며, 효과적인 전개 방식을 고민하는 것은 좋은 글을 쓰기 위한 중요한 과정이다. 하지만 이론을 안다고 해서 곧바로 훌륭한 글이 나오는 것은 아니다.

 글쓰기는 결국 연습이 핵심이다. 좋은 글을 쓰려면 이론을 익히는 것뿐만 아니라, 실제로 글을 자주 쓰면서 훈련해야 한다. 구조를 잘 잡아도 꾸준히 글을 쓰지 않으면 발전할 수 없다. 글쓰기를 지속할 수 있는 습관을 만들고, 점점 더 능숙해지는 기술을 익히는 것이 필요하다.

바른 문장의
8가지 조건

정확한 단어와 거의 맞는 단어의 차이는
번개와 반딧불이의 차이만큼 크다.

_마크 트웨인

좋은 글이나 바른 문장이란 어떤 것일까? 첫째, 문법적으로 옳은 문장이다. 이는 글을 쓸 때 비문(非文)을 피하고, 문법과 어법에 맞게 문장을 작성해야 함을 뜻한다. 항상 문법적 정확성을 염두에 두어야 한다. 둘째, 자신의 생각을 명확히 담을 수 있는 자신만의 문체를 가져야 한다. 글을 읽는 사람이 글쓴이의 생각과 개성을 느낄 수 있도록, 정보를 나열하는 수준을 넘어서는 글쓰기 방식을 의미한다.

이 두 가지를 모두 해결하기 위해서는 자신이 닮고 싶은 작가나 좋아하는 글, 잘 읽히는 글을 선택하여 반복적으로 읽는 것이 큰 도움이 된다. 반복해서 읽는 과정을 통해 자연스럽게 문법적인 정확성과 자신만의 문체를 형성할 수 있다. 바른 문장의 조건은 여러 가지가 있으나 가장 중요한 것은 다음의 여덟 가지다.

① 주어-서술어 일치
② 구조적 중의성 피하기
③ 수식어-피수식어 사이를 짧게
④ '-의' 사용 유의
⑤ 피동문을 조심
⑥ 중요한 정보는 가급적 문장 뒤로
⑦ 조사 사용에 주의하라
⑧ 띄어쓰기 주의

1. 주어-서술어 일치

주어와 서술어는 문장의 기본 구조로 반드시 일치해야 한다. 즉, 문장의 주어와 서술어가 서로 호응하지 않으면 문장이 어색하거나 의미가 명확하지 않게 된다. 이를 방지하기 위해 문장은 간결하고 명확하게 단문으로 작성하는 것이 좋다.

만약 문장이 길어져서 주어와 서술어가 여러 번 등장해야 한다면 주어와 서술어의 개수를 최소화하고, 주어-서술어 구조가 명확하게 드러나도록 구성해야 한다. 이렇게 하면 문장의 흐름이 매끄럽고 독자가 이해하기 쉬운 글이 된다.

- 특이한 것은 이 물질을 계속 가열하면 파란색이 없어지고 본래의 회색 수은으로 되돌아간다.
- → 특이한 것은 이 물질을 계속 가열하면 파란색이 없어지고 본래의 회색 수은으로 되돌아간다는 점이다.

이 문장에서 주어는 '특이한 것은'인데, 서술어가 '되돌아간다'로 마무리되고 있다. 그러나 '되돌아간다'는 주어 '특이한 것'과 호응하지 않는다. 서술어는 주어와 문법적으로 일치해야 하나, 이 문장은 이를 어기고 있다. 주어와 서술어를 명확히 일치시키려면 두 번째 예시처럼 수정해야 한다.

주어와 서술어의 일치는 문장의 의미와 논리를 명확히 전달하는 핵심 요소이므로 항상 주의해야 한다. 예시를 조금 더 보자.

- 작가가 이 글에서 주장하는 것은 스마트폰을 무조건 쓰지 말자는 것이 아니라, 스마트폰을 사용하는 사람들의 태도가 변하기를 촉구하고 있다.
- → 작가가 이 글에서 주장하는 것은 스마트폰을 무조건 쓰지 말자는 것이 아니라, 스마트폰을 사용하는 사람들의 태도에 변화가 필요하다는 점이다.
- 경기장 주변에서는 경기 시작 이전에 장기자랑, 사물놀이 등 다양한

행사를 갖는다.
→ 경기장 주변에서는 경기 시작 이전에 장기자랑, 사물놀이 등 다양한 행사를 진행한다.
→ 경기장 주변에서는 경기 시작 이전에 장기자랑, 사물놀이 등 다양한 행사가 열린다.

두 번째 예문의 주어는 '작가가 주장하는 것'이라는 사물에 해당하고, 서술어 '촉구하고 있다'는 행위를 나타내므로 주술 호응이 부자연스러워 수정이 필요하다.

세 번째 예문의 경우 '행사를 갖는다'라는 표현이 어색하다. 우리는 행사를 한다고 말하지 갖는다고는 말하지 않는다. '갖다'라는 동사는 사물이나 소유물을 지칭하는 경우에 주로 사용되며, 행사와 같은 추상적인 개념에는 적합하지 않다.

2. 구조적 중의성을 피하기

'구조적 중의성(structural ambiguity)'은 문장 안의 단어들이 문법적으로 올바르게 배열되어 있음에도 불구하고, 문장의 구조가 다의적으로 해석될 여지가 있는 상태를 말한다. 이는 문장의 구문적 구조에서 발생하며, 독자나 청자가 문장을 이해하는 데 혼란을 겪게 만든다.

- 바이러스는 보통 현미경으로는 볼 수 없다.
→ 바이러스는 일반적인 현미경으로는 관찰할 수 없다.

예문을 보면, 두 가지 뜻으로 해석될 수 있으므로 중의성을 띤다. 첫 번째 방향으로는 '지금의 현미경으로 바이러스를 볼 수 없다'라고 해석할 수 있다. 더 고성능의 현미경이 필요하다는 뜻이다. 두 번째로는 '도구로써의 현미경 자체가 볼 수 없다'라고 해석할 수도 있다. 현미경이 아닌 다른 도구를 써야 한다는 뜻으로, 현미경이 주체로 오해될 수 있다. 정확하게 표현하려면 서술어를 '관찰할 수 없다'로 바꾸어 대상(바이러스)에 대한 명확성을 높이고 중의적으로 읽히지 않게 해야 한다.

- <u>사람들이 많은 도시</u>를 다녀 보면 재미있는 일이 많을 것이다.
→ <u>인구가 많은 도시</u>를 다녀 보면 재미있는 일이 많을 것이다.
→ <u>사람들이 많이 방문하는 도시</u>를 다녀 보면 재미있는 일이 많을 것이다.

이 예문의 경우는 '사람들이 많은 도시'라는 표현에서 중의성이 발생한다. '도시의 인구가 많다'라는 해석과 '사람들이 도시를 많이 방문한다'의 두 가지 뜻으로 해석될 수 있다. 원래 이 문장을 작성한 의도에 맞게 인구가 많은 도시로 수정하거나 방문자

수를 강조하는 방향으로 더 명확하게 수정하면 된다.

구조적 중의성은 문장의 핵심 정보를 명확히 드러내지 못해 독자의 이해를 방해할 수 있다. 이를 방지하려면 문맥에 맞는 어휘를 사용하고, 문장의 핵심 메시지가 명확히 드러나도록 재구성해야 한다.

3. 뜻을 정확히 전달하는 단어의 위치

문장에서 수식어(부사, 관형사 등)는 피수식어(동사, 명사 등) 가까이에 두는 것이 좋다. 수식어와 피수식어가 멀리 떨어져 있거나 중간에 다른 구절이 끼어들면 독자가 문장의 의미를 이해하기 어려워지고 혼란을 느끼기 쉽다. 단어를 가깝게 배치함으로써 문장의 가독성을 높이고 의미를 명확하게 전달할 수 있다.

- 당당하게 내 친구는 돈만 보고 일을 한 것은 아니라고 주장했다.
→ 내 친구는 돈만 보고 일을 한 것은 아니라고 당당하게 주장했다.

부사어 '당당하게'를 문장 앞에 놓고 있어서, 문장의 중심 동사인 '주장했다'와 멀리 떨어지게 되었다. 이로 인해 독자는 '당당하게'가 '주장했다'를 꾸민다는 의미를 바로 파악하기 어렵고, 오히려 '내 친구는'이나 '돈만 보고 일한 것'을 수식하는 것으로 착각할 수 있다. 수식관계가 모호해져 문장의 명확성이 떨어졌다.

수정 문장은 '당당하게'를 '주장했다' 바로 앞에 둠으로써 '주장'의 방식이 '당당했다'라는 의미가 분명히 드러난다. 문장의 수식 구조가 자연스러워지고, 독자도 의미를 쉽게 파악할 수 있다.

- 이 프로그램은 바이러스 제거는 물론, 원상태로 데이터 복구까지 해 준다.
- → 이 프로그램은 바이러스 제거는 물론, 데이터를 원상태로 복구까지 해 준다.

'원상태로'라는 수식어가 피수식어 '복구'와 멀리 떨어져 있어, '원상태로'가 '바이러스 제거'를 수식한다고 오해할 가능성이 있다. 이렇게 '원상태로'를 '복구' 바로 앞에 배치하여, 데이터 복구가 원상태로 이루어진다는 점을 명확히 표현하였다.

수식어와 피수식어의 거리를 짧게 하면 문장이 명료해지고 독자가 빠르게 의미를 이해할 수 있다. 수식어가 문장 내에서 모호한 역할을 하지 않도록, 피수식어 가까이에 배치하여 혼란을 방지하는 것이 중요하다. 이 원칙을 지키면 문장의 가독성과 전달력이 크게 향상된다.

4. '-의' 사용 유의

'-의'는 소유, 관계, 또는 수식의 의미를 나타내는 조사로써 한국어 문장에서 자주 사용된다. 하지만 남용될 경우 문장이 불필요하게 길어지거나 의미 전달이 모호해질 수 있다. 따라서 '-의'를 사용하는 경우에는 의미를 명확히 하거나, 다른 표현으로 대체할 수 있는 방법을 고려해야 한다.

- 우리가 바라는 것은 이 땅의 자유롭고 평화로운 삶입니다.
→ 우리가 바라는 것은 이 땅에서 자유롭고 평화롭게 사는 것입니다.

'이 땅의 자유롭고 평화로운 삶'이라는 표현은 '의'가 사용되면서 문장의 핵심 의미가 약해지고, 자연스럽지 않은 느낌을 준다. '의'를 삭제하고 '이 땅에서'라는 구체적인 표현으로 대체함으로써 주체가 더 명확해지고 문장이 자연스럽게 변했다.

- 정부는 점점 약해지는 청소년의 문제의 해결 방안을 마련해야 할 것이다.
→ 정부는 점점 약해지는 청소년 문제를 해결하기 위한 방안을 마련해야 할 것이다.

'청소년의 문제의 해결 방안'은 '의'가 과도하게 반복되어 문장이 지나치게 복잡해지고 가독성이 떨어진다. 중복 표현을 '청소년 문제'로 간소화하고, '해결 방안' 앞에 '위한'을 추가하여 문장의 의미를 간결하고 명확하게 수정하였다.

이처럼 '의'를 과도하게 사용하면 문장이 장황해지고 의미 전달이 모호해질 수 있다. 독자가 문장의 의미를 빠르게 이해할 수 있도록 적절히 조절하여 사용하는 것이 바람직하다.

5. 피동문을 조심

글을 작성할 때는 가능한 한 능동 표현으로 쓰는 것이 좋다. 그러나 많은 사람이 능동 표현 대신 피동 표현을 사용하는 경우가 많다. 이는 영어에 익숙한 사람들이 글을 쓸 때, 피동 표현을 과도하게 사용하는 경향이 나타나기도 한다. 하지만 한국어는 피동을 잘 안 쓴다. 우리말에서는 능동 표현과 피동 표현을 명확히 구분하여 적절히 사용하는 것이 중요하다. 가능한 한 능동 표현을 활용하여 문장이 더욱 간결하고 명확하게 전달되도록 해야 한다.

- 이 보고서는 많은 전문가들에 의해 검토될 필요가 있다.
- → 이 보고서는 많은 전문가가 검토해야 한다.
- → 전문가들은 이 보고서를 검토해야 한다.

'검토될 필요가 있다'라는 말은 누가 검토하는지 바로 알기 어렵고, 문장이 딱딱하고 어색하다. '많은 전문가'가 검토하는데,

그 말이 문장 뒤에 있어서 누가 하는 일인지 헷갈릴 수 있다. 또, 이런 표현은 영어 문장을 그대로 옮긴 것처럼 자연스럽지 않다.

첫 번째 수정문은 '보고서'에 초점을 맞추면 누가 검토하는지(많은 전문가들) 더욱 명확히 밝힌다. 일반적인 상황에서 가장 자연스럽고 간결하게 의미를 전달한다.

두 번째 수정문은 '전문가들'의 역할과 책임에 더 큰 초점을 맞추면서 누가 주체적으로 행동해야 하는지를 강조한다. 전문가 집단에게 특정 업무를 지시하거나 그들의 역할을 강조하고 싶을 때 더 효과적이다.

그러나 능동문이 무조건 능사는 아니다. 우리말이라도 피동 표현을 써야 할 때가 있다.

- 작은 차이가 승패를 결정한다.
  → 승패는 작은 차이로 결정된다.

이 문장은 수동형 문장이 더 자연스럽다. 능동적으로 행동할 수 없을 때는 피동형으로 쓰는 것이 좋다.

6. 중요한 정보는 가급적 문장 뒤로

한국어는 서술어가 문장의 끝에 오는 특징이 있어, 결론이나 중요한 정보를 문장 끝에 배치하면 자연스럽고 강조 효과가 크다. 반면에 영어는 중요한 정보를 문장 앞부분에 두는 경우가 많아 문장 구성에 차이가 있다.

우리말에서는 문장의 마지막에서 의미가 완결되는 특성을 지니므로 글을 쓸 때에도 핵심 정보나 주장, 강조하고 싶은 내용을 뒤쪽에 두는 것이 효과적이다.

- 주목할 만한 사실은 석춘 씨가 부자라는 것이다.
→ 석춘 씨가 부자라는 사실은 주목할 만하다.

원 문장은 핵심 정보인 '석춘 씨가 부자'라는 내용이 문장의 중간에 나와 버려 강조 효과가 떨어진다. 수정문처럼 핵심 내용인 '석춘 씨가 부자라는 사실'을 먼저 제시하고, 그에 대한 판단이나 결론인 '주목할 만하다'를 문장 끝에 배치하면 자연스럽고 강조 효과도 크다.

이 원칙은 개별 문장 수준에서의 효과적인 정보 배치에 해당한다. 하지만 보고서, 요약문, 뉴스 기사 등 문서 전체의 구성에서는 중요한 내용을 앞부분에 배치하는 두괄식 구성이 더 효과적이다. 문장 수준과 문서 수준을 구분하여 활용해야 한다.

7. 조사 사용에 주의

조사는 문장에서 명사와 다른 단어의 관계를 나타내는 역할을 한다. 그러나 조사 사용이 부정확하거나 어색하면 문장의 의미가 왜곡되거나 전달력이 떨어질 수 있다. 따라서 조사 사용에 항상 신중해야 하며, 적절한 조사 선택이 명확한 문장을 만드는 데 필수적이다.

- 이번 축구대표팀 감독은 선수들이 지녀야 할 첫째 조건을 지칠 줄 모르는 강한 정신력으로 꼽았다.
- → 이번 축구대표팀 감독은 선수들이 지녀야 할 첫째 조건으로 지칠 줄 모르는 강한 정신력을 꼽았다.

'첫째 조건을'과 '강한 정신력으로'는 조사의 위치가 잘못되어 문장의 논리적 구조가 어색하다. 독자가 '강한 정신력'이 '첫째 조건'과 어떤 관계인지 혼란을 겪을 수 있다. 조사의 위치를 조정하면 뜻이 좀 더 명확해진다. '조건을' 대신 '조건으로'를 사용하여 첫째 조건과 '강한 정신력'의 관계를 명확히 표현하였다. '강한 정신력으로 꼽았다'라는 표현은 문맥상 어색하므로 조사를 조정하여 자연스러운 흐름으로 수정했다.

　조사의 사용은 문장의 의미와 논리적 연결을 명확히 하기 위해 매우 중요하다. 조사를 부적절하게 사용하거나 위치를 잘못 설정하면 문장의 논리적 흐름이 어색해질 수 있다. 문장 작성 시 조사의 역할과 관계를 고려하여 적절히 사용해야 명확하고 전달력 있는 문장을 쓸 수 있다.

- 오래 전부터 인간은 끊임없는 발전을 거듭해 온 것은 우리가 인정해야 하는 사실이다.
  → 오래 전부터 인간이 끊임없는 발전을 거듭해 왔음을 우리는 인정해야 한다.
  → 인간은 오래 전부터 끊임없는 발전을 거듭해 왔다.

'인간은 끊임없는 발전을 거듭해 온 것은'이라는 표현은 문장 구조가 어색하고, 주어와 서술어의 연결이 부자연스럽다. '사실이다'라는 표현은 문장 흐름에서 다소 무거운 느낌을 주어 가독성을 떨어뜨린다.

'인간은'을 '인간이'로 수정하여 서술어 '거듭해 왔음을'과 자연스럽게 연결하여 주어와 서술어가 호응하도록 했다. 거기에 '사실이다'를 삭제하고, 직접적인 표현으로 다듬어서 명료함을 더했다. 다만 조사의 쓰임과는 조금 다른 이야기지만, 두 번째 수정문처럼 간단하게 정리하여 말하고자 하는 바를 더욱 명확하게 전달할 수도 있다.

불필요한 표현과 어색한 문장 구조로 인해 의미 전달이 흐려지는 문장들이 있다. 불필요한 조사를 제거하고, 주어와 서술어의 연결성을 강화하여 문장을 간결하고 명확하게 개선할 수 있다. 이러한 수정 방식을 통해 독자는 문장의 의도를 더 쉽게 이해할 수 있다.

8. 띄어쓰기 주의

띄어쓰기는 한국어 문법에서 가장 어렵고 자주 실수하기 쉬운 부분 중 하나이다. 특히, 조사나 접미사, 어미와 같은 요소에서 혼란이 자주 발생한다. 아래는 기본적인 원칙과 예외 사항을 중심으로 한 안내이다.

① 기본 원칙

ㄱ) 조사를 제외한 모든 단어는 띄어 쓴다.

　예: 나는 학교에 간다.

ㄴ) 단어와 단어의 경계를 명확히 한다.

　예: 아침에 일찍 일어났다.

② 중요한 예외 사항

ㄱ) 동사나 형용사 어간 뒤에 붙는 어미는 붙여 쓴다.

　예: 가는, 갔던, 보던

ㄴ) '-(은)지'와 '-(을)지'는 붙여 쓴다.

　예: 예쁜지, 알지

ㄷ) '-(은)지'가 시간에 관한 단어와 함께 쓰일 때는 띄어 쓴다.

예: 떠난 지 삼 일이 지났다.

ㄹ) 조사는 여러 개가 연이어 나와도 모두 붙여 쓴다.

예: 서울에서부터이다.

띄어쓰기는 문장의 의미를 명확히 전달하기 위해 매우 중요하다. 띄어쓰기가 잘못되면 오해를 초래할 수 있다. 예를 들어서, '다음 날'과 '다음날'은 띄어쓰기 여부에 따라 의미가 달라지므로, 올바르게 사용하는 것이 중요하다. 다음은 두 표현의 차이에 대한 설명이다.

· **다음 날**(띄어 씀)

ㄱ) **의미**: 어떤 기준이 되는 날의 다음에 오는 날을 의미한다.

ㄴ) **구조**: '다음'은 관형사로 쓰이며, '날'을 수식한다.

ㄷ) **예문**: 그는 시험을 보고 <u>다음 날</u> 결과를 확인했다.

· **다음날**(붙여 씀)

ㄱ) **의미**: 하나의 단어로 취급되어, 특별히 정해진 날의 이름을 나타낼 때 사용된다. 보통 문맥상 '특정 사건이나 맥락에 따른 날'을 의미하는 경우가 많다.

ㄴ) **예문**: 그가 떠난 <u>다음날</u>, 그녀는 눈물을 흘렸다.

예를 들어, '자기 집 앞의 눈은 다음 날 10시까지 치우세요'라는 문장에서 다음 날이 눈 온 바로 다음의 날을 말할 때는 띄어 써야 한다. 만약에 다음날이라고 쓰면 눈 온 후 다음 어떤 날(다음의 어떤 날이든) 치워도 된다는 뜻이 된다. 이처럼 문맥에 따라 '다음 날'과 '다음날'을 구분하여 사용하는 것이 중요하다.

문장을 작성할 때 의미와 문맥에 맞는 띄어쓰기를 선택해야 독자에게 정확한 의미를 전달할 수 있다. 한국어 띄어쓰기는 많은 사람이 어려워하는 부분이다. 하지만 위의 기본 원칙과 예외 사항만 알고 있어도 정확한 띄어쓰기에 큰 도움이 된다. 조금씩 연습하며 올바른 한국어 문장을 작성해 보자.

틀려서 고친다고
생각하지 마라

> 고쳐쓰기를 잘못된 걸 고치는 거라고 생각하지 마라.
> 그러면 부정적인 기분으로 시작하게 된다.
> 오히려 이미 좋아하는 걸 더 나아지게 만들 기회로 여겨라.
>
> _메리언 데인 바우어

어떤 글도 처음부터 완벽할 수 없다. 뛰어난 작가조차 첫 문장을 써 내려가는 순간부터 만족하는 경우는 드물다. 좋은 글은 타고난 재능보다 반복적인 수정 과정에서 탄생한다. 초고는 미완성의 재료일 뿐이며, 다듬고 고쳐 나가는 과정 속에서 비로소 의미가 깊어지고 구조가 탄탄해진다. 대문호인 헤밍웨이조차 "모든 글의 초고는 끔찍하다"라고 말하며 글쓰기에서 고치기의 중요성을 강조했다.

글쓰기는 노동이다. 우리는 '끔찍한 초고'를 쓰는 시행착오를 겪고, 실수를 거듭하면서 조금씩 배운다. 단번에 완성된 원고를 내놓기는 쉽지 않다. 《글쓰기의 문제해결전략》의 저자 린다 플라워에 따르면 미숙한 필자들이 가장 인색한 부분이 글 고치기 과정이라고 한다. 미숙한 필자일수록 초안 그대로 제출본이 되고, 초안 그대로 발표본이 되는 경우가 많다. 그러나 대부분 초고는 미흡하며, 글이 빛을 발하려면 여러 차례 수정해야 한다.

수정 작업은 지루하고 버겁다. 그러나 어색한 부분을 다듬고 문장을 조정하며 글이 새롭게 태어나는 순간, 환희를 느끼기도 한다. 서툰 문장을 지우는 일은 쉽지만, 공들여 쓴 문장이 내용과 맞지 않아 버려야 할 때는 망설임이 생긴다. 그러나 간결하고 명료한 문체를 위해, 퇴고 과정에서 불필요한 단어를 제거하고 핵심에 집중하려 노력해야 한다.

닭이 달걀을 품듯이: 부화 이론

좋은 글은 한 번에 완성되지 않는다. 초고는 알과 같다. 알에서 병아리가 나오려면 적절한 온도와 시간이 필요하듯, 좋은 글도 충분한 수정과 숙성의 과정을 거쳐야 비로소 빛을 발한다. 글쓰기와 부화 이론(incubation theory)은 닮아 있다.

부화 이론은 문제 해결이나 창의적 사고에서 일정 기간 문제를 떠나 있을 때 더 나은 해결책이 나온다는 개념을 말한다. 심리학자 그레이엄 월러스는 창의적 사고 과정을 '준비

(preparation) → 부화(incubation) → 발현(illumination) → 검증(verification)'의 4단계로 설명했다. 이 과정은 글쓰기에도 그대로 적용된다.

1. 초고: 알을 낳는 과정

초고는 우리의 생각을 자유롭게 펼쳐놓는 단계다. 이 단계에서는 완벽한 문장을 만들려는 강박을 버리는 것이 아주 중요하다. 처음부터 좋은 문장을 쓰려는 것은 병아리가 부화하기도 전에 껍질을 깨트려 버리는 것과 같다. 초고는 거칠고 불완전할 수밖에 없으며, 핵심은 최대한 많은 아이디어를 기록하는 것이다. 책을 내더라도 내용이 부족해서 절절매는 것보다는 오히려 내용이 많아서 잘라내는 것이 쉽다. 또 더 좋은 내용으로 취사선택도 할 수 있게 된다.

2. 거리 두기: 부화 과정

초고를 썼다면 당장 고치려 하지 말고 글에서 잠시 멀어지는 시간이 필요하다. 이는 부화 단계와 유사하다. 알이 온도와 습도를 유지하며 자연스럽게 성장하듯, 글도 일정 시간을 두고 다시 읽으면 새로운 시각으로 볼 수 있다. 글을 쓰는 순간에는 보이지 않던 문제점이 시간이 지나면 명확하게 드러난다. 이 과정에서 우리의 뇌는 무의식적으로 글을 재구성한다.

3. 수정: 알에서 깨어나는 과정

이제 다시 글을 들여다볼 차례다. 이 과정에서 필요 없는 문장을 덜어 내고, 표현을 명확하게 다듬는다. 알이 자연스럽게 깨지지 않으면 병아리가 건강하게 나오기 어렵듯, 글도 무리하게 고치면 본래의 생명력을 잃을 수 있다.

이 책은 초고를 써 놓고 한동안 미루어 두고 있었다. 바쁜 강의 일정과 여러 사정으로 잠시 묻어 두었다가 다시 파일을 열고 원고를 고치기 시작했다. 처음에 쓸 때 '고되다, 힘들다' 했던 감정들이 다 달아나고, 원고를 고치는 것에 재미가 붙었다. 자다가 일찍 눈이 떠지면 더 자려고 애쓰지 않고 일어나 원고 앞에 앉았다. 즐거운 마음으로 한 문장 한 문장 읽어 나가기 시작했다. 다시 글 감옥에 갇혔지만 내 존재가 살아나는 순간 같았다.

불필요한 장식을 덜어 내면서도 본질적인 메시지를 강화하는 것, 이것이 글을 다듬는 내내 잊지 말아야 할 수칙이다. 이 과정에서 매우 유용한 방법은 '소리 내어 읽기'다. 소리로 들으면 문장의 리듬과 흐름이 훨씬 명확하게 드러난다. 어색한 표현이나 중복된 내용이 신기하게도 쉽게 발견된다.

4. 완성: 새로운 생명의 탄생

충분한 퇴고를 거친 후, 글은 마침내 독자와 만날 준비를 마친다. 알에서 갓 태어난 병아리가 스스로 세상에 적응해 나가듯,

완성된 글도 이제 독자들의 시선 속에서 의미를 갖게 된다.

　완벽한 글이란 없다. 충분한 시간을 두고 수정된 글만이 있을 뿐이다. 처음부터 완벽한 문장을 기대하기보다는, 부화 과정처럼 글을 성장시키는 시간을 존중해야 한다. 좋은 글은 쓰는 것이 아니라 다듬고 고치는 과정에서 만들어진다.

중얼중얼 소리 내어 읽기, 그리고 고치기

　글을 고치는 가장 쉽고 좋은 방법은 먼저 중얼중얼 입으로 읽어 보기다. 문장이 흐트러짐이 없으면 글도 술술 잘 읽힌다. 글을 읽어 보면 투박하거나 과장된 부분, 불필요하게 반복된 내용, 또는 잘난 체하는 느낌을 주는 요소들이 드러난다. 만약 누군가에게 글을 소리 내어 읽어 주면, 어느 부분에서 집중력이 흐트러지고, 어디에서 귀를 기울이는지를 파악하기 쉽다.

- 도량형은 미터법 사용을 원칙으로 하되 각종 증빙 서류 등이 미터법 이외의 도량형으로 <u>작성할</u> 경우 미터법으로 환산한 수치를 병기함.
- → 도량형은 미터법 사용을 원칙으로 하되 각종 증빙 서류 등이 미터법 이외의 도량형으로 <u>작성될</u> 경우 미터법으로 환산한 수치를 병기함.

이 문장은 문법에 맞지 않는 문장이라 소리 내어 읽으면서도 그 뜻이 대번에 들어오지 않는다. 구조를 보면 문장 앞부분의 '각종 증빙 서류 등이'가 주어이고, 서술어는 '작성될'이 되어야 한다. 그런데 서술어가 능동형 타동사인 '작성할'로 표현됨으로써 비문법적인 문장이 만들어지고 말았다.

수정 문장을 보면, '작성할'을 '작성될'로만 바꾸었는데도 읽으면서 내용을 파악하기 쉬워진다. 어느 정도 교육을 받은 사람들이라면 문장의 문법적 모순을 설명하기는 어려워도 직관으로 그 문장이 이상하다는 것은 느낀다. 내가 쓴 문장이 괜찮은 문장인지 중얼중얼 소리 내어 읽어라. 다음 문장을 읽어 보자.

우리가 매일 쓰는 이 자동차 문제도 신에너지 시대를 마련해 전기자동차나 수소 자동차나 이런 걸로 자꾸 바꿔 나가고 새로 차를 살 때는 이런 매연가스를 뿜지 않는 차를 구입한다든가 또 자동차 회사에서도 그런 미래지향적으로 계속 어떤 새로운 이 시대에 맞는 차를 만들어 내고 또 그런 차들이 편리하게 아무데서나 충전될 수 있도록 인프라를 빨리빨리 확충을 하고 이런 노력이 동시적으로 빨리빨리 이뤄져야만 미세먼지를 해결할 수 있습니다.

읽기에도 숨이 차다. 숨차다는 것은 문장이 필요 이상으로 길어져서 숨 쉴 구멍이 없을 때 생긴다. 이렇게 긴 문장을 정리하는 방법은 간단하다.

먼저 문장을 단문으로 끊어 써 본다. 문장만 끊어 써 봐도 뜻이 더 잘 보인다. 문장을 짧게 쓰는 것은 비문이 될 확률을 줄여 주는 효과 있는 방법이다. 여기에 쓸데없는 관형사의 남발을 줄이고 범주화해 본다.

우리가 매일 쓰는 자동차 관련 문제입니다.
신에너지 시대를 마련해 전기자동차나 수소 자동차로 바꾸어 나가야 합니다. → **자동차 회사 관련**
새로 차를 살 때는 매연가스를 뿜지 않는 차를 구입해야 합니다.
→ **소비자 관련**
자동차 회사에서도 미래지향적으로 계속 시대에 맞는 차를 만들어 내야 합니다. → **자동차 회사 관련**
사용자들이 편리하게 충전될(할) 수 있도록 인프라를 확충해야 합니다.
→ **정부**
이런 노력이 동시에 이뤄져야만 미세먼지를 해결할 수 있습니다.

이렇게 범주화한 것을 문장으로 풀어서 쓰고 앞뒤 문장을 넣어 이해를 높이면 다음처럼 수정할 수 있다.

우리가 매일 마시는 공기에 포함된 미세먼지 문제의 심각성을 깊이 인식하며, 이에 대한 해결 방안을 말씀드리고자 합니다. 우선, 자동차 회사는 신에너지 시대에 발맞추어 매연을 배출하지 않는 전기차와 수소차의 생산을 확대해야 합니다. 소비자들은 앞으로 이러한 친환경 차량을 선택해 구입해야 합니다. 또한 정부는 소비자들이 전기차와 수소차를 더욱 편리하게 사용할 수 있도록 충전 인프라를 신속히 확충해야 합니다. 정부와 기업, 국민 모두의 노력이 함께 이루어질 때, 미세먼지 문제 해결의 실마리를 찾을 수 있습니다.

자기 문장이 어딘가 이상한데 어딘지 못 찾겠다면 먼저 중얼중얼 읽어 보자. 그래도 못 찾겠다면 문장을 잘 아는 주변인에게 묻거나, 국립국어원의 우리말 365 오픈 채팅에 문의를 해 보는 방법도 있다.

간결하게 쓰기

우리는 글을 다듬으며 자문해야 한다. '내가 하고자 하는 말을 군더더기 없이 명확하게 전달했는가? 독자와 연결되어 의미 있는 메시지를 전하고 있는가?'

작가는 최소 단어로 최대의 의미를 전달하려고 한다. 특히 칼럼, 서평, 소식지 같은 글은 공간이 제한적이므로, 불필요한 장황

함을 줄여야 한다. 독자들은 수많은 정보 사이에서 중요한 내용만을 골라 읽는다. 쓸데없이 길고 복잡한 글은 외면당하기 쉽다. 다음 예문을 보며 간결하게 쓰는 감을 익혀 보자.

- 하지만 공을 들여서 쓴 좋은 문장이 명문이 되었다고 생각했는데 그 내용과 맞지 않아 버려야 하는데 거기에서 항상 머뭇거리기도 했다.
→ 하지마 공들여 쓴 문장이 명문이라고 생각했음에도, 내용과 맞지 않아 버려야 할 때마다 항상 머뭇거리곤 했다.

예전에 알던 인쇄소의 한 부장님은 이야기를 하면서 '톡 까놓고 말해서'라는 표현을 자주 썼다. 들을 때마다 그 표현이 가시처럼 거슬렸다. 그러다 보니 이야기를 나누는 내내 '이 이야기는 까놓고 말하는 부분일까 아닐까?' 하는 생각이 들며 내심 찜찜했다. 말하면서 그런 습관이 있다면 버려야 한다. 글쓰기에서도 마찬가지다.

자주 쓰는 표현 가운데서는 '솔직히 말해서'를 주의해야 한다. 그렇게 말하면 '솔직히 말해서' 이전의 문장은 모두 솔직하지 않은 게 될 수도 있다. '내 개인적인 생각으로는'이라는 말도 필요 없다. 어차피 생각은 대부분 개인적인 것이므로 '내 생각으로는'으로 표현하거나, 그저 '나는'이라고 표현해도 가능할 때가 많다.

글 고치기의 잣대

그러면 어떤 기준으로 글을 고치면 될까? 앞서 한 이야기를 포함해서 정리를 해 보자.

전체적인 검토

☐ 나타내려는 내용이 뚜렷한가?

☐ 제목이 적절한가?

☐ 주제에서 벗어나지는 않았는가?

☐ 문단은 적절히 나누어져 있는가?

☐ 내용의 흐름이 자연스러운가?

☐ 좀 더 자세히 써야 할 부분이 없는가?

☐ 자기의 목소리로 썼는가?

부분적인 검토

☐ 문단과 문단 간의 연결이 자연스러운가?

☐ 각 문단은 글 전체와 밀접한 관련이 있는가?

☐ 문장 성분의 호응 관계는 적절한가?

☐ 문장의 뜻은 분명한가?

☐ 문장의 길이는 적당한가?

☐ 쉽고 정확한 어휘를 사용했는가?

☐ 맞춤법과 띄어쓰기는 바른가?

나는 내 글을 믿을 만한 가족이나 친구에게 보여 준다. 초고를 가장 먼저 읽는 사람은 진홍원 식구들과 싱싱 선생님들이다. 그들은 긍정적이고 따뜻한 태도로 좋은 점을 짚어 주면서, 동시에 출판하면서 조심해야 할 부분에 대해서 말해 주었다. 내 글을 다른 사람에게 보여 주면서 이런 것을 지적해 달라고 부탁했다.

- 글의 흐름은 자연스러운가?
- 뻔하거나 반복되는 내용은 없는가?
- 이해가 어려운 부분이 있는가?
- 지루하거나 진부한 표현이 있는가?
- 더 알고 싶은 부분은 무엇인가?
- 이 글을 더 나아지게 하려면 어떻게 하면 좋을까?

이런 질문에 주변의 많은 사람이 자기 생각을 말해 줬다. 나는 그 의견을 듣고 충분히 반영하면서도, 내가 하고 싶은 이야기를 내 목소리로 전달한다는 생각으로 글을 다듬는다.

보통 원고를 끝내기 전까지 수십 번은 고친다. 책을 완성할 즈음에는 그 글이 내게 가장 가까운 존재가 된다. 마지막 몇 달 동안은 실제 사람보다 글에 대한 생각을 더 많이 하게 된다. 하지만 언제까지 수정을 해야 할까? 어떤 작가는 쉼표 하나를 지웠다가 다시 넣는 시간이 되면 고치는 작업을 멈춘다고 한다. 책 내용이 나도 모르게 외워지는 순간까지 고치고 또 고쳐야 한다.

집중력 유지하기

한 도서평론가가 좋은 책을 고르는 비결이라고 하면서 제일 먼저 제목과 작가의 말을 보라고 했다. 그리고 그 책의 끝을 보아서 처음 하고자 하는 이야기가 끝까지 이어지는가를 살펴보라고 했다.

그리고 재미있는 방법을 덧붙였다. 전체 길이의 3분의 2쯤 되는 부분을 잘 살펴보라고 했다. 그 즈음에서는 작가의 집중력이 떨어져 내용의 품질이 떨어질 수도 있다는 것이다. 그러므로 그런 걱정이 들지 않을 만한 고른 품질을 보여 주는 책을 고르라고 했다. 우습기도 했지만 작가로서의 비밀을 들킨 것 같아서 조금 뜨끔했다.

글쓰기의 여정은 마치 산을 오르는 것과 같다. 독자를 사로잡는 강렬한 시작은 등산로의 입구와 같아서, 호기심을 자극하고 모험을 시작하게 만든다. 그러나 진정한 도전은 중간 지점에서 시작된다. 이 구간은 가파른 오르막길처럼 작가의 인내와 창의력을 시험한다. 많은 글이 이 중간 지점에서 숨이 가빠지고 힘을 잃는다. 처음의 열정이 식고, 목표했던 정상은 아직도 저 멀리에만 있는 듯하다. 이때 작가는 독자를 위해 새로운 풍경과 흥미로운 내용을 전개해야 한다. 마치 등산 중 만나는 예상치 못한 전망대나 흥미로운 바위 형상처럼 말이다. 결말은 정상에 도달하는 순간과 같다. 독자에게 새로운 시야를 제공하고, 여정의 의미를 되새기게 한다. 그러나 이 순간은 갑작스럽게 나타나는 것이 아니라, 전체 여정의 자연스러운 정점이어야 한다.

글의 완성도를 높이기 위해서는 전체 여정을 균형 있게 다듬어야 한다. 이것이 글 고치기를 하면서 계속 살펴야 할 부분이다. 시작부터 끝까지 일관된 관심과 노력을 기울여, 독자가 글의 모든 부분에서 새로운 발견과 감동을 느낄 수 있도록 해야 한다. 이는 마치 등산로의 모든 구간을 세심하게 관리하여, 등산객들이 처음부터 끝까지 안전하고 즐거운 여정을 경험할 수 있게 하는 것과 같다.

꾸준히 쓰기를 위한 실질적 팁

1. 글쓰기 루틴과 시간 관리

꾸준한 글쓰기는 루틴이 중요하다. 특히 초보 탈출을 목표로

한 사람에게는 하루 10분, 매일 같은 시간에 글을 쓰는 습관을 권한다.

- **10분 루틴**: 하루 10분, 정해진 시간(아침 기상 직후, 점심시간, 잠들기 전 등등) 동안 메모장, 노트 앱, SNS 등에 짧은 글(오늘의 단상, 느낌 한 줄, 사건 요약 등등) 작성
- **작은 단위 목표 설정**: 매일 글자 수(100자 이상) 또는 문단(1문단) 목표 설정
- **SNS/블로그 활용**: 매일 SNS(인스타그램, 블로그 등등)에 한 문단이라도 올려 보기(계정 공개/비공개 선택 가능. 공유할수록 책임감이 생기고 피드백 받을 기회도 늘어남)
- **타이머 설정 활용**: 10분 글쓰기용 타이머(앱/스톱워치)를 설정하여 시간 압박감을 덜고 몰입

양보다 꾸준함을 목표로, 하루 쉬더라도 다시 이어서 쓰는 것 자체가 루틴이다.

2. 글쓰기 슬럼프 극복법

중도 포기 방지, 동기 부여, 작은 성공의 경험을 주는 방법들도 소개한다.

- **틈새 시간 메모**: 버스나 지하철, 기다리는 시간에 스마트폰 메모앱으로 짧은 글 남기기
- **짧은 글쓰기 챌린지**: 스스로 또는 그룹과 함께 '일주일간 하루 1문장 쓰기', '하루 한 컷 일상 기록하기' 챌린지 진행
- **주제 가이드 활용**: 매일 주제를 정해(오늘 본 풍경, 내가 사랑하는 것 등등) 부담 없이 써 보기
- **글쓰기 리마인더**: 스마트폰/캘린더 앱에 글쓰기 알림 설정
- **중도 포기의 이유 파악**: 슬럼프 원인을 찾아 보며(시간 부족, 주제 고민, 완벽주의 등등) 간단한 해결책 적용(시간 줄이기, 편한 주제로 전환, 초안 작성 후 수정하기 등)

3. 피드백 받기와 혼자 점검하는 방법

혼자 쓰다가 답답할 때, 다른 시선과 점검 루틴을 통해 글을 발전시키는 방법이다.

- **글쓰기 그룹 참여**: 지역 독서모임, 온라인 커뮤니티, SNS 그룹 등에서 글 공유 및 피드백 받기(주제별 글쓰기 모임, SNS 하루 한 줄 챌린지, 온라인 워크숍 등)
- **1인 편집자 되기**: 자신이 쓴 글을 하루 이틀 후 다시 읽기, 첫 문장의 매력도 점검, 중복 표현과 군더더기 제거, 읽는 사람의 입장에서 이해하기 쉬운지 점검

- **글 점검 체크리스트 활용**

  ☐ 주제가 명확한가?

  ☐ 문장이 자연스러운 흐름으로 이어지는가?

  ☐ 불필요한 장식어가 없는가?

  ☐ 감각적 요소(소리, 냄새, 색감 등)가 들어갔는가?

- **스스로 낭독하기:** 소리 내어 읽어 보며 부자연스러운 부분 발견
- **좋은 글 벤치마킹:** 마음에 드는 책, 기사, 블로그 글을 분석하고 문장 흐름, 어휘, 구조 참고하기

제4강

노련한 단어 사용이 글의 품격을 바꾼다

고수의 전략 4: 어휘력 늘리기

특별하게 쓰고 싶다면
더 구체적으로

작은 것들에 집중하세요.
한 번에 한 장면씩 써 보세요.

_앤 라모트

  글쓰기에서 가장 중요한 것은 독자에게 메시지를 정확하게 전달하는 일이다. 아름다운 문장이나 화려한 표현도 좋겠지만, 결국 독자의 마음을 움직이는 것은 구체적인 사실을 바탕으로 만들어진 생생한 이야기다.

  추상적인 개념은 마치 안개처럼 흐릿하고 모호하여 독자에게 명확한 이미지를 전달하기 어렵다. '사랑'이라는 단어는 누구나 알고 있지만, 의미는 사람마다 다르게 해석될 수 있다. 하지만 '눈 내리는 날, 따뜻한 차를 마시며 함께했던 시간'과 같은 구체적인 사례를 통해 표현한다면 읽는 이는 훨씬 더 강렬하게 그 감정에 공감할 수 있다. 글의 힘은 구체화에서 나오기 때문이다.

인연

사람의 인연은 참으로 소중하다. 처음 이 세상에 태어나서 만나는 인연도 있고, 살아가면서 만나는 인연도 있다. 지치고 힘들 때 위로를 해 주는 인연을 맺을 수 있는 것 또한 행운이다. 특별하지도, 화려하지 않아도 힘이 되고 위로가 되는 인연을 만들어 가야 한다.

인연은 뜻밖의 곳에서 만나기도 한다. 따뜻하고 편안한 인연을 만들기 위해 오늘도 노력한다.

이 글은 보편적이고 일반적인 표현이 많아 감정적으로 와 닿기 어렵다. '참으로 소중하다' 같은 말은 누구나 공감할 수 있지만, 구체적인 경험이 없기 때문에 독자가 직접 느낄 수 있는 장면이 부족하다. 요즈음은 인공지능도 글을 잘 쓰는 시절이라서 이런 추상적인 글은 인공지능이 인간보다 더 잘 쓴다. 이렇게 보편적인 글쓰기로는 인공지능과의 경쟁(?)에서 살아남을 수 없다. 인공지능이 따라올 수 없는 부분은 각자의 진실된 체험이 담긴 글쓰기다.

여러 소설의 명장면들도 결국에는 작가의 삶에 근거를 두고 있다는 점을 보면, 글쓴이의 체험은 보물이 되는 일이 많다. 세계 문학사를 통틀어 많은 소설 명장면이 작가 자신의 삶에서 비롯된 경험이나 감정을 반영하고 있다.

톨스토이의 《안나 카레니나》는 작가가 신문의 한 짧은 기사에서 영감을 받아 쓴 작품으로, 러시아 상류 사회의 부도덕성을 비판하며 작가 자신의 가족사와 사회적 경험을 반영하고 있다. 괴테의 《젊은 베르테르의 슬픔》은 작가 자신이 겪었던 사랑의 실패를 바탕으로 쓰여 당시 젊은이들의 큰 공감을 얻었다.

물론 모든 소설이 작가의 자전적인 경험만을 바탕으로 쓰이지는 않는다. 허구와 상상력을 통해 새로운 세계를 창조하는 것도 소설의 중요한 기능이다. 하지만 대부분 소설은 작가의 삶과 어떤 식으로든 연결되어 있으며, 이러한 연결 고리를 찾아보는 것은 작품을 더욱 깊이 이해하는 데 도움이 된다.

우연히 인터넷 커뮤니티에서 '2년 전 제 밥솥 사 간 남자와 결혼하게 됐어요'라는 눈길을 사로잡는 제목 하나를 발견했다. 호기심에 클릭한 글에는 자신을 예비 신부라고 소개한 한 여성의 사연이 담겨 있었다.

약 2년 전, 여성이 중고 판매로 밥솥을 내놓으며 판매용 사진을 찍는데, 그때 우연히 키우던 고양이가 사진 속에 얼굴을 빼꼼 내밀었던 모양이다. 밥솥을 구매해 간 남자는 거래 뒤 자신에게 남는 고양이 간식을 드려도 될지 물었고, 그렇게 고양이 간식을 주고받기 위해 다시 만난 것이 인연의 시작이었다고 한다. 그렇게 이어진 관계는 결혼으로 결실을 맺고, TV 프로그램에까지 소개되기에 이르렀다는 것이다.

이 이야기는 요즘 사람들이 자주 사용하는 중고 거래 플랫폼에서 시작된 사랑 이야기로, 현대적인 만남의 한 단면을 보여 준다. 밥솥 하나, 우연히 찍힌 고양이, 그리고 주인을 찾지 못한 고양이 간식…. 이 사소하고 일상적인 연결고리들이 만들어 낸 나비효과라 볼 수 있다. 특히 중고 거래에서 시작해 결혼으로 이어지는 과정이 매우 신선하면서도 친근감을 준다.

특별한 글쓰기 기법이나 방법을 동원하지 않아도 자기 체험을 구체적으로 적었더니 좋은 글이 된 예다. 구체적으로 글을 쓴다는 것은 자기감정을 몇 개 단어로 뭉뚱그리지 않고 그 당시의 상황을 자세하게 있는 그대로 보여 주는 것이다.

일요일 저녁, 식구들과 저녁을 맛있게 먹었다.

이렇게만 적으면 지난 일요일에 있었던 일일 수도 있고, 일 년 전의 일요일 저녁의 일일 수도 있다. 이 글을 좀 더 구체적으로 적어 보자.

일요일 저녁에 식구들과 함께 밥을 먹었다. 메뉴는 김치찜이다. 김치찜은 내가 좋아하는 음식이다. 삼겹살과 스팸을 넣고 만든 김치찜은 진짜 일품이었다.

"김치찜 진짜 일품이네."

"맛있어? 다행이네. 많이 드슈."

"와, 이거 진짜 팔아도 되겠어."

"그럼 나 김치찜 장사할까?"

"아이구, 그만 둬라. 지금도 여기가 아프다 저기가 아프다 그러는데 그때는 얼마나 더 힘들다고 할라구. 나는 반대야."

이야기하며 입에 넣은 김치가 적당히 물러서 식감도 좋았다.

"이렇게 김치를 익히려면 얼마나 끓여야 돼?"

"한 30~40분 끓였나? 모르겠네. 보면서 끓이면 돼. 왜? 당신이 끓이게?"

"응. 한번 해 보게."

"안 말리지."

아내가 국물을 떠먹으면서 말했다.

이처럼, 표현력을 높이려면 먼저 상황을 구체적으로 쓸 줄 알아야 한다. 두루뭉술한 이야기보다 구체적인 이야기가 독자들의 관심을 사로잡고 좀 더 설득력 있게 다가간다. 글쓰기 교실에서 나는 늘 "글을 구체적으로 쓰시라"라고 말한다. 그만큼 구체적인 표현이 중요하다.

우리가 글감을 잘 찾지 못하는 것도 구체적으로 생각하지 않아서이다. 구체적으로 표현할 줄 안다면 글쓰기 비법은 다 터득한 것이라 할 수 있다. 구체적으로 그때의 배경, 인물, 사건을 자세히 묘사하고 어떤 것은 깊숙이 들여다보면서 전체를 훑어가며 적어야 한다. 그러면서 글을 발전시키기 위해 더 딱 어울리는 단어, 더 마땅한 표현을 찾아 고민하고 씨름하는 시간이 이어 진다면, 나의 언어로 내 삶의 서사를 풀어내는 쾌감을 만끽하게 될 것이다.

"당신의 주머니에
음악 1,000곡이 들어 있다"

>좋은 글은 눈앞에 펼쳐지는 그림처럼
>생생해야 한다.
>
>_마크 트웨인

    스티브 잡스는 기술 혁신가이면서, 명확하고 강렬한 메시지를 전달하는 이야기꾼으로도 유명했다. 그의 발표와 연설, 심지어 짧은 한마디에서도 구체성의 힘이 빛을 발했다. 추상적이고 복잡한 개념을 단순하고 직관적으로 바꿔 청중의 마음에 각인시키는 능력은 소통 방식에서 가장 돋보이는 특징이었다.

    2001년, 애플의 첫 아이팟 발표 현장에서 잡스는 기술적 설명 대신 이렇게 말했다. "당신의 주머니에 음악 1,000곡이 들어 있습니다." 당시 아이팟의 사양이었던 5기가바이트 용량은 듣는 이에 따라 다소 추상적이었다. 하지만 음악 1,000곡을 언제 어디서나 주머니에 넣어 다닐 수 있다는 한 문장은 누구나 쉽게 이해하고 공감할 수 있었다. 이 표현은 아이팟을 단순한 MP3 플레이어가 아니라 개인적 경험과 감각의 상징으로 만들어 주었다. 화려한 사양을 늘어놓는 것보다 '주머니 속 1,000곡'이라는 이미지가 훨씬 강렬하게 각인된다.

아이패드 출시 발표회에서도 "아이패드를 켜면 샌프란시스코에서 도쿄까지 가는 비행시간 내내 영화를 볼 수 있습니다."라고 말했다. 배터리 용량이 충분하다는 말이다. '아이패드는 배터리가 오래 간다'라는 추상적 표현에서 '한 번 충전하면 9시간 쓸 수 있다'라고 구체화시킨 것이다. 여기에 '샌프란시스에서 도쿄까지 가는 비행시간'이라는 이야기를 입혀 뚜렷한 장면이 보이게 어휘를 더하고 있다.

잡스는 청중의 관심을 끌기 위해 감각적인 표현도 아끼지 않았다. 맥 OS X의 새로운 인터페이스를 소개하며 "너무 예쁘게 만들어서 핥아 보고 싶을 정도"라고 말했다. 이 감각적이면서도 구체적인 표현은 청중의 웃음을 유발하며 제품의 세련됨과 매력을 직관으로 전달했다. 단순히 예쁘다는 말보다 훨씬 더 생생하게 와 닿는 표현이었다. 잡스는 기술 설명에 유머와 감각을 더해 발표를 흥미롭게 만들고, 메시지를 오래 기억에 남게 했다.

2005년 스탠퍼드대 졸업식 연설에서 잡스는 자신의 삶을 담은 세 가지 이야기를 들려주었다. 그중 첫 번째 이야기는 대학 중퇴 후 힘든 시절의 경험담이었다. "나는 친구 집 방바닥에서 잠을 잤고, 5센트짜리 콜라병을 모아 식비를 벌었으며, 무료 식사를 위해 7마일을 걸어 하레 크리슈나 사원에 갔다." 이 구체적이고 솔직한 묘사는 추상의 실패담보다 훨씬 진정성 있게 다가온다.

잡스는 이를 두고 인생은 '점들의 연결(connecting the dots)'이라고 표현했다. 지금 찍는 이 점들이 연결되어서 우리 삶을 이어가는 것이라는 말이다. 우리의 과거를 돌아보면 그 점들이 어떻게 연결되었는지 알 수 있다. 인생에서 경험하는 다양한 일들이 당장은 의미 없어 보일 수 있지만, 결국 그 경험들이 모여 중요한 일들을 이루는 데 결정적인 역할을 한다는 뜻이다. 잡스는 자신의 신념과 직관을 믿고 점을 찍기 위해 앞으로 나아가라는 메시지를 전한다. 이 책으로 글쓰기를 공부하며 찍은 점들 역시 당신의 미래와 의미 있게 연결되기를 바란다.

구체성을 더하는 단어를 찾아라

잡스는 언제나 복잡함보다 명확함을, 추상보다 구체성을 택했다. 그의 언어는 숫자나 기술 용어가 아닌, 청중이 이해할 수 있는 일상의 비유, 감각적이고 생생한 장면으로 채워져 있었다. 이러한 구체성 덕분에 잡스의 메시지는 단순히 귀로 듣는 것이 아니라, 눈앞에 그림을 그리게 만들고 마음에 각인되었다.

우리도 글을 쓸 때 스티브 잡스처럼 구체적으로 써야 한다. 숫자와 추상 대신 일상적 이미지와 감각적인 언어로 독자가 공감하고 몰입할 수 있도록 말이다. 다음 사례를 보자.

아르바이트는 학비를 벌 수 있다는 점 이외에도 인생의 소중한 경험을 얻을 수 있어서 좋다. 나는 지난여름 방학 때 조그마한 중소기업체에서 아르바이트를 하였다. 이 아르바이트를 통해 살아간다는 것이 얼마나 실제적이고 사회적이고 조직적인가를 새삼 깨닫고 배울 수 있었다.

위의 글은 언뜻 쉽게 이해할 수 있는 글이라고 생각한다. 그러나 자세히 살펴보면 이해가 되지 않는 말들이 상당히 많다. 자기가 일한 조그마한 중소기업체가 어디인지, 그리고 그 기업체에서 어떤 아르바이트를 했는지도 궁금하다. 어떤 '소중한 경험'을 했고 어떤 '실제적이고 사회적이며 조직적인 깨달음'을 얻었는가? 독자들은 알 수 없다. 이 표현이 의미하는 바를 명확히 설명하거나, 더 구체적인 언어로 바꾸는 과정이 필요하다. 예를 들어, "사회에서 사람들과 협력하는 법을 배웠다"거나 "정리 수납 업무의 중요성과 책임감을 느꼈다"라는 식으로 구체화인 어휘를 더해야 한다.

아르바이트는 학비나 용돈을 벌 수 있다는 점 이외에도 인생의 소중한 경험을 얻을 수 있어서 좋다. 나는 지난여름 방학 때 조그마한 중소기업체 ○○정밀이라는 곳에서 아르바이트를 했다. 이 경험을 통해 단순히 돈을 버는 것 이상의 중요한 교훈을 배울 수 있었다. 나는 회사의 재고 관리 업무를 맡았는데, 처음에는 단순히 물건을 세고 기록하는 일이라고 생각했다. 하지만 일하면서 재고 관리가 얼마나 중요한지, 그리고 작은 실수 하나가 얼마나 큰 문제를 일으킬 수 있는지 알게 되었다.

한 번은 새로 입고된 부품들의 날짜를 잘못 기록하는, 정말이지 어처구니없는 실수를 저질렀다. 그저 숫자를 잘못 입력한 것에 그치는 것이 아니었다. 며칠 뒤, 생산팀에서 긴급하게 해당 부품을 사용해야 하는 상황이 발생했다. 하지만 전산에는 이미 출고된 것으로 기록되어 있거나, 또는 한참 뒤에나 입고될 예정으로 잘못 입력된 탓에 창고 전체가 발칵 뒤집혔다.

그 일로 인해 상사에게 혼이 났고, 그때 비로소 업무의 책임감이 무엇인지 실감할 수 있었다. 내 일이 많은 사람과 연결되어 있다는 것을 아는 것이 책임감의 기본이었다. 사소해 보이는 일일지라도 그 안에 숨겨진 중요성은 작지 않다는 것, 그 작은 부품이 없어 공장을 멈춰 세울 수도 있다는 것을 알게 되었다. 돈으로는 절대 살 수 없는 값진 경험이었다.

이렇게 구체적으로 적어야 독자한테 힘 있게 다가간다. 《뼛속까지 내려가서 써라》에서 나탈리 골드버그는 '화장품이 날개 돋친 듯이 팔렸다' 보다는 '미스트 스프레이가 하루에 5천 개나 팔렸다'처럼 구체적으로 표현하는 것이 더 실감나고 설득력이 있다고 했다. 구체적인 표현과 풍부한 어휘는 글에 생명력을 불어넣고 인간미를 더하여 독자들이 자신의 이야기로 받아들이게 한다.

설명하지 말고
보여 줘라

가장 감동적인 글은 필자가 말하거나 설명하지 않고
당시 상황을 보여 줄 때 나온다.

_톨스토이

  설명하지 말고 보여 주라는 말은 이제 글쓰기의 대명제처럼 받아들여진다. 하지만 실제로 글을 쓸 때는 생각보다 이게 어렵다. 그럼 어떻게 하면 보여 줄 수 있을까?
  어린 시절 일기 쓰기의 끝은 항상 '참 재밌었다', '즐거운 하루였다', '보람 있었다' 등으로 끝나곤 했다. 이런 문장들은 글쓴이의 감정을 직접 표현하지만, 독자가 공감하기는 어렵다. '너무 짜증이 났다', '너무 속상했다'처럼 감정을 드러내는 글도 마찬가지다. 이런 글 앞에서 독자는 오히려 냉정해진다.
  대신, 그 감정을 직접 설명하지 않고 당시의 구체적인 상황과 행동을 묘사하는 단어들을 더하면 독자가 훨씬 더 몰입할 수 있다. 예를 들어 "손에 힘을 주면서 볼펜을 세게 눌렀다. 종이가 찢어질 듯했다. 입술을 깨물면서 애써 참았지만, 결국 숨을 헐떡이며 자리에서 벌떡 일어났다."와 같이, 감정을 강요하기보다는 상황을 보여 주는 어휘들이 독자의 감정을 더 강하게 끌어낸다. 분노를 설명하는 글보다 독자가 직접 그 분노를 경험하게 만드는 글이 더 힘을 가진다.

대화와 묘사를 써서 설명하지 말고 눈앞에 생생히 보여 줘라. 그래야 독자가 만화책을 보듯 말풍선을 그리며 따라간다. 소설의 3요소는 대화, 묘사, 설명이다. 소설가가 된 기분으로 육하원칙에 입각한 구체적인 내용과 생생한 비유적 표현을 의도적으로 써라. 글이 실감 나게 읽히고, 문장은 더 쉽고 설득력도 커진다. 다음 두 글을 살펴보자.

설명하는 글

나는 어릴 때부터 여성으로 살았다. 스무 살에 여성학을 접한 뒤, 정상가족, 이성애, 성역할을 다시 생각하게 됐다. 세상과 나를 깨어 있는 눈으로 보려 애썼다. 하지만 여전히 무의식에 남은 잔재들이 드러난다. 나를 상처 준 것은 여성도 남성도 아닌, 나를 존재가 아닌 도구로 여긴 사람들이었다. 나는 변화해야 했고, 이제는 '여성'이라는 틀 대신 한 사람으로 인정받으려 연습 중이다.

이 글은 여성이라는 정체성 이전에 한 인간으로 존중받고자 하는 글쓴이의 성찰을 담고 있다. 어릴 때부터 여성으로서 사회의 기대와 규범을 체득해 왔지만, 대학 시절 여성학을 통해 이를 비판적으로 바라보는 계기를 가졌다. 그 경험을 통해 성별에 얽매이지 않고 자유로운 개인으로서 자신을 인식하게 되었으며, 인간으로서의 존엄을 추구하려는 변화의 의지를 보여 준다. 또한, 사회가 개인을 '존재'가 아닌 '수단'으로 보는 문제를 지적하며, 성별이나 사회적 기대에서 벗어나 개개인을 그 자체로 존중해야 한다는 메시지를 전한다.

보여 주는 글

면접장에 들어서자 긴 테이블 너머에 앉은 면접관들이 나를 쳐다봤다. 몇 마디 질문이 오간 뒤 한 면접관이 물었다. "결혼은 언제쯤 생각하고 있나요?" 순간 머리가 멍해졌다. 직무와 아무 상관없는 질문이라는 걸 알면서도 웃으며 대답해야 할 것 같았다. "아직은 계획 없습니다." 면접관들은 고개를 끄덕였지만, 나는 마음 깊숙이 불편했다. 왜 여성 지원자들에게만 이런 질문이 나올까. 나는 그저 내 능력으로 평가받고 싶었다.

이 글은 직장에서 여성 지원자에게 직무와 무관한 결혼 계획을 묻는 장면을 보여 준다. 독자는 설명 없이도 이 상황의 불편함과 부당함을 직관적으로 느낄 수 있다. 두 글은 모두 여성으로서 겪은 경험을 다루고 있지만, 시선과 방식이 다르다.

첫 번째 글은 내면의 변화와 성찰을 중심으로 한다. 그러나 설명만으로는 독자가 그 장면을 완전히 느끼기 어렵다. 반면 두 번째 글은 면접장의 공기, 면접관의 시선, 말투, 표정, 그리고 지원자의 감정까지 생생하게 보여 준다. 독자는 설명하지 않아도 머릿속에 장면이 그려지고, 마치 만화책을 보듯 말풍선을 따라가듯 쉽게 읽힌다.

바로 이 점이 '보여 주는 글'의 힘이다. 독자는 이해만이 아니라 경험을 원한다. 대화와 묘사를 통해 장면을 그리고, 감각적인 어휘로 디테일을 더해라. 글은 훨씬 더 설득력 있고 생생하게 다가간다. 논문이나 특별한 목적의 글이 아니라면 설명보다는 보여 주는 글이 독자의 마음에 더 깊이 스며든다. "나는 너무 화가 났다"라고 쓰기보다는 그 순간 무슨 일이 있었는지, 어떤 말이 오갔는지, 몸과 마음이 어떻게 반응했는지를 그려 보자. 그렇게 하면 독자가 당신의 글을 직접 '경험'하게 된다.

먼저 '정신 차려서' 보아야 한다.

'보여 주기'는 곧 '묘사하기'다. 상황을 있는 그대로 그려 보여 주는 것이다. 최대한 구체적으로 묘사하려고 노력해야 한다. 글을 더 생생하게 만들려면, 구체적인 상황과 감각을 활용하라. 눈으로 본 대로, 귀로 들은 대로, 냄새 맡은 대로 적어보자. 이때 숫자를 활용하면 더 설득력 있는 글이 된다.

"가게에서 물건이 엄청나게 팔렸다"보다 "가게 문이 열리자마자 사람들이 뛰어 들어왔다. 쇼핑 바구니에 화장품을 쓸어 담았다. 계산대 앞에 50명이 줄을 서 있었고, 한 시간 만에 미스트 스프레이 5천 개가 동났다"라고 쓰면 더욱 생생하다. 이처럼 숫자와 생생한 묘사만으로도 글의 힘은 배가된다.

독자를 사로잡는 글을 쓰려면 머릿속에 그림을 그릴 수 있도록 세부적인 묘사를 해야 한다. 이 말이 어렵다면 본 대로, 들은 대로, 느낀 대로 써 보자. '그녀는 예뻤다'라고 쓰는 대신 '윤기 나는 검은 단발머리를 왼손으로 넘겼다. 머리카락이 차근차근 내려오며 둥근 형태로 자리 잡았다'처럼 모습이 보이도록 여러 어휘를 풍부하게 사용해 적어 보자.

한 가지 팁을 알려 주려 한다. 사실 이 글쓰기는 훈련되지 않은 사람에게 무척 어렵다. 본 것을 그대로 쓰는 것 자체가 어렵기 때문이다. 우리는 평소 사물이나 사람을 '정신 차려서' 보는 경우가 드물다. 제대로 보지 않았는데 어떻게 쓴단 말인가? 그러니 묘사를 생생하게 쓰는 데 애쓰기 전에 우선은 '보는 데' 먼저 애써 보자.

연습장

"나는 긴장했다." 대신 어떻게 하면 긴장감을 독자에게 전달할 수 있을까? 어휘를 풍부하게 사용하여 아래에 구체적으로 묘사해 보자.

_____
_____
_____
_____
_____

나만 아는 단어만 빼도
좋아진다

언어는 나무와 같다.
시간을 따라 가지를 뻗고, 세월이 흐르며 모양을 바꾼다.

_이기주

언어는 늘 변화한다. 부모 세대에는 부정의 뜻으로 쓰였던 단어가 자식 세대에는 긍정의 뜻으로 쓰이는 경우가 있다. 대표적인 것이 '개'다. 망신 중에서도 큰 망신은 '개망신'이고, 맛이 없는 살구는 '개살구'다. 그런데 이게 자식 세대에 와서는 바뀌었다. 좋은 아르바이트 자리는 '꿀알바'인데 그보다 더 좋은 자리는 '개꿀알바'가 된다. 누군가의 발언이 속이 시원할 때는 '사이다' 발언이라고 했는데 좀 더 시원하게 속을 뻥 뚫어 주면 '개사이다'라고 말한다.

언어는 이렇게 시대를 따라 변화한다. 이러한 흐름으로 가면 조만간 '졸라' 같은 단어도 사전에 오르는 게 아닌가 하는 생각이

든다.

최근 인터넷에서 회자되는 자료 중 하나로 신세대의 문해력 문제를 지적하는 사례가 있다. 이 자료는 입사원서의 '휴대폰' 항목에 휴대폰 번호 대신 휴대폰 기종을 기재한 것을 두고 문해력 부족의 예로 제시한다. 이와 같은 오류는 입사원서에서 휴대폰 '번호'를 명확히 요구하지 않아서 생긴 일이다. 해당 양식에는 휴대폰과 전화번호를 별도로 기재하게 되어 있었으나, 집 전화가 거의 사라진 현대 가정에서는 오히려 이 항목이 혼란을 초래한다. 시대를 고려하여 휴대폰과 전화번호 항목을 통합하거나 불필요한 항목을 제거하는 것이 바람직하다. 특히, 약 1970년대부터 사용된 양식을 현대에 맞게 업데이트하는 것이 시급하다.

한 스타트업의 CEO로부터 들은 일화도 있다. 젊은 직원들이 자기의 휴대폰이 아이폰인 것을 보고 놀랐다는 것이다. 이유를 들어 보니 어른들은 대부분 안드로이드폰을 사용한다고 생각했기 때문이라고 한다. 이처럼 젊은세대에게는 휴대폰 기종도 중요한 정보로 인식되기도 한다. 관심사가 기성세대와 다른 지점에 있을 뿐이다. 물론, 그들의 어휘력이나 문해력 부족을 오로지 관심사 차이라고 보면서 방관해서는 안 되겠다.

기성세대가 젊은세대를 자신의 틀에 맞추어 평가하는 것 역시 경계해야 한다. 오늘날 이 문해력의 갈등을 한자 교육의 부재 탓으로 돌려서는 안 되는 것처럼 말이다. 그보다는 문해력을 높이려는 의지가 없는 게 더 문제다. 잘 고른, 바른 언어를 사용하는 TV나 라디오 방송 프로그램 들이 많아져야 하고, 무엇보다도 이것도 모르느냐고 타박하고 분노하기 전에 알려 주려는 마음이 함께 따라 주어야 한다. 세대 간의 차이를 이해하고 상호 존중하는 데도가 요구된다.

《유튜브는 책을 집어삼킬 것인가》의 공저자이지 응용언어학자인 김성우는 "삶의 리터러시, 삶을 위한 리터러시란 '좋은 삶'을 위한 리터러시"라면서 '옳음'이라는 이름으로 타자의 삶을 억압하는 리터러시가 아니라 '좋은 삶'으로 초대하는 것이라고 밝히고 있다. 나는 이 좋은 리터러시에 '쉬운 말로 말하고 글쓰기'도 들어간다고 말하고 싶다.

글을 쓸 때는 되도록 쉬운 말로 써야 많은 사람이 잘 알아들을 수 있다. 하물며 사람들이 꼭 읽기를 바라면서 쓴 글은 더욱 그러하다. 어느 날 길을 걸어가다 보니 사람들이 다니는 길 한복판에 하얀 포장지가 덮여 있었다. 그리고 그 위에 '양생 중 주의하세요'라고 쓰여 있었다. 양생(養生)이란 병에 걸리지 않게 몸 관리를 한다는 뜻도 있지만, 공사현장에서는 '콘크리트가 완전히 굳을 때까지 적당히 수분을 유지하도록 습기를 조절하고 충격 따위로 파손되는 일이 없도록 보호하고 관리하는 일'이라는 뜻으로 쓰인다. 다시 말해, 양생 중이라는 말은 시멘트를 굳히고 있는 중이라는 뜻이다.

그렇다면 지나가는 행인이 '양생 중 주의하세요'라는 말을 보면 어떻게 반응할까? 일단 양생이라는 말을 모르는 사람이 더 많을 것이니 뭘 주의하라는 것인지 알기 어렵다. 그리고 공사 중인 장면, 포장지가 덮인 상황 등을 보는 몇 단계의 생각을 거쳐서 '아! 밟지 말라는 거구나' 하고 생각하게 된다. 그 생각을 정리하는 데까지 몇 단계가 필요하다. 말이 너무 어렵기 때문에 자칫 밟는 사람도 나오기 쉽다. '양생 중 주의하세요'라는 문구 대신 '시멘트 굳히는 중, 주의하세요'라고 쓰면 더 많은 사람이 이해할 수 있다.

마찬가지로, 세대 간 언어 차이를 줄이기 위해 서로에게 친절한 언어를 사용하는 노력이 필요하다. 젊은세대는 기성세대가 이해할 수 있도록 설명하려는 태도를, 기성세대는 젊은세대의 언어를 이해하려는 태도를 가져야 한다. 우리는 다음 세대의 문해력이 부족하다고 걱정하기보다 어떻게 하면 세대 간 문해력 수준을 연결할 수 있을지를 고민해야 한다. 서로를 이해하려는 태도야말로 진정 문해력을 높이는 길이다. 언어가 세대를 나누는 벽이 아니라, 함께 살아가는 다리가 되길 바란다.

아주, 매우, 몹시, 대단히, 굉장히, 엄청나게

> 단어는 인간이 사용하는
> 가장 강력한 약물이다.
>
> _러디어드 키플링

철학자 루트비히 비트겐슈타인은 "내 언어의 한계가 내 세계의 한계다"라고 말했다. 이는 우리가 사용하는 언어가 곧 사고 범위를 결정한다는 뜻이다. 단어를 많이 알고 있으면 생각을 보다 정교하게 표현할 수 있지만, 어휘가 빈약하면 사고의 폭도 좁아진다.

우리는 언어를 통해 사물을 명명하고, 개념을 정의하며, 경험을 공유한다. 그러나 언어가 제한적일 경우 우리의 사고와 인식도 제한될 수밖에 없다. 예를 들어 어떤 언어에는 특정 감정이나 경험을 정확하게 표현할 수 있는 단어가 없거나, 그 단어를 배우지 못했을 경우 감정이나 경험을 온전히 이해하거나 전달하는 것이 어려워진다. 이는 그 언어를 사용하는 사람들의 세계관과 이해의 범위를 제한하게 된다. 언어로 표현할 수 없는 것은 사고할 수 없으며, 사고할 수 없는 것은 우리의 세계에 포함되지 않는다고 한다.

우리말에는 특정 상태나 성질, 감정을 보통 수준을 넘어서는 정도로 표현하는 단어들이 다양하게 존재했다. 예를 들어, '아주, 매우, 몹시, 대단히, 굉장히, 엄청나게' 등이 있다. 그러나 어느 순간부터 '너무'라는 단어가 이들 단어를 대체하며 폭넓게 사용되기 시작했다. 본래 '너무'는 부정적인 의미를 포함하여 '너무 덥다', '너무 춥다'처럼 사용되었으나, 최근에는 '너무너무 좋아요'처럼 긍정적인 상황에도 사용되면서 그 의미가 확장되었다. 이에 따라 사전에서도 '정해진 정도나 한계를 지나치게'로 의미를 풀이하고 있다. 이와 같은 현상은 다양한 표현 방식이 하나로 수렴되는 언어적 단순화를 초래한다는 점에서 우려를 자아낸다.

'언어는 사고를 규정한다'고 주장하는 연구자들은 인간이 언어를 통해 사물을 인지한다고 말한다. 예를 들어, 우리나라 사람은 벼와 쌀과 밥을 서로 다른 것으로 범주화하여 인식하는 반면, 에스키모인은 하늘에서 내리는 눈, 땅에 쌓인 눈, 얼음처럼 굳어서 이글루를 지을 수 있는 눈을 서로 다른 것으로 범주화하여 파악한다는 것이다. 예전 국어 교과서에 실렸던 내용이다.

결국 사람들은 말로써 생각을 한다. 만약 어떤 단어를 알고 있으면 그 단어를 자세하게 설명하지는 못하더라도 자기가 표현하고자 하는 의미에 맞아떨어지는 곳에 구별해서 쓸 수 있다.

예를 들어 '유쾌하다, 상쾌하다, 경쾌하다, 통쾌하다'라는 단어들의 뜻을 일일이 설명하지 못하지만, 성격이 서글서글하고 재미있는 농담도 잘하는 사람을 보고 '유쾌한 사람'이라고 말할 수는 있다. 청소가 깨끗하게 되어 있고 공기도 맑고 청청한 곳에 가서는 '마음이 상쾌'하다고 표현하고, 오늘 컨디션이 좋으니 나도 모르게 발걸음이 '경쾌해진다'라고 표현할 수 있다. 늘 지던 팀과 축구 경기를 했는데 오늘은 역전골로 이기게 되었으니 '통쾌하다'라고 말할 수도 있다. 이처럼 자리에 맞는 단어들은 따로 있게 마련이다. 그러니 여러 가지 단어가 하나의 단어로 수렴되는 일은 결코 바람직하지 않다.

생각은 여러 가지로 정의되고 여러 가지 측면에서 논의되고 있지만 가장 단순하게 풀어 보면 생각은 단어의 나열이다. '학교'라는 단어를 듣는 순간 우리는 자연스럽게 공부, 숙제, 운동장과 같은 관련 단어와 개념들을 떠올리게 된다.

단어는 언어의 기본적인 구성 요소다. 단어는 우리가 세상을 이해하고 경험을 조직화하는 주요 도구로써, 우리의 인지적 과정은 단어를 통해 촉진되거나 제한될 수 있다. 이 과정에서 생각은 단순한 단어의 나열이 아닌 복잡한 개념 체계로 발전되어

나간다. 학교에 대한 생각을 떠올릴 때 관련된 단어만이 아니라 특정한 기억, 감정, 또는 시각적 이미지들을 동시에 떠올리기도 하는 것처럼, 언어는 사고의 중요한 구성 요소다.

반복하지 않는 연습

어휘력을 키우는 방법의 으뜸은 글을 쓸 때 같은 단어를 반복해서 사용하지 않으려는 노력이다.

- 우리 완성차 업계의 평균 임금 수준은 세계 최고 수준이다.
→ 우리 완성차 업계의 평균 임금은 세계 최고 수준이다.

- 수업시간에 배운 것은 수업시간에 다 이해하고 넘어가야지 수업시간에 놓치면 따라오기 힘들다.
→ 수업시간에 배운 것은 그 자리에서 다 이해하고 넘어가야지 한번 놓치면 따라오기 힘들다.

글은 한정된 지면에 담는 경우가 많기 때문에 지면을 경제적으로 사용해야 한다. 중복만 피해도 문장이 깔끔해진다. 그러나 표현만 달리하여 같은 내용을 반복해서 작성하면 속도감과 리듬감이 떨어진다. 의미 전달에 지장이 없는 한 중복되는 문장은 생략하거나 다른 문장으로 대체해 보도록 한다.

물론 메시지를 강조하는 데 반복적 표현은 효과적인 측면도 있지만 지나치면 오히려 역효과를 내서 독자가 글의 주요 메시지를 놓치게 하거나, 관심을 잃게 만들 수도 있다. 단조로운 문장의 지루함을 피하는 길 첫 번째는 동어반복을 피하는 일이다.

'클리셰'는 다양한 장르와 문맥에서 자주 등장하는 진부한 표현이나 설정을 의미한다. 드라마에서 다루는 사랑의 삼각관계라든가 출생의 비밀 같은 것이 대표적인 예다. 클리셰는 익숙한 표현이기 때문에 독자나 청중이 쉽게 이해할 수 있다. 이를 통해 글이나 이야기의 핵심을 빠르게 전달할 수 있다. 이미 두루 쓰이고 있는 표현이라서 친근한 느낌을 줄 수 있다.

공문서는 "~에 만전을 기해 주시기 바랍니다."라고 끝나는 경우가 많다. 이것이 대표적인 클리셰다. 그러나 특별히 쓰는 문장을 정해 놓은 것이 아니라면 다양하게 변주를 해서 적어 보는 것도 활기를 더해 주는 방법이기도 하다.

- 안전사고 예방을 위해 만전을 기하여 주시기 바랍니다.
- → 안전사고 예방을 위해 허술함이 없도록 하여 주시기 바랍니다.
- → 안전사고 예방을 위해 최선을 다하여 주시기 바랍니다.
- → 안전사고 예방을 위해 철저히 대비해 주시기 바랍니다.

조그마한 변화가 가능한 문건이라면 늘 똑같은 말로 똑같이 끝내는 것에서 벗어나 보기 바란다. '만전을 기해 주시기 바란다'라는 표현이 처음에는 강한 인상을 주었을지라도, 반복되면 그 효과가 줄어들어 공문을 읽는 이에게 무덤덤하게 다가올 수 있다.

가게로 들어서면서 친구 옆에 앉아 있는 낯선 얼굴이 눈에 들어온다. 일단 안면은 없다. 그 사람은 나를 보고 "우리랑 나이가 비슷하겠네요. 무슨 띠예요?"①라고 말했다. 나는 "잔나비띠예요"②라고 말했다. "예. 나는 닭띠인데 한 해 선배네요."③라고 말했다. 그러면서 "고등학교 몇 회니까?"④라고 말했다. "응. 생각이 잘 안 나네. 요즘 왜 이런지 깜박깜박하는 게 기억력이 없다."⑤라고 말했다. 진땀 빼는데 이 사람은 누구누구 이름을 대면서 아느냐고 계속 묻는다. "잘 모르겠네요."라고 했더니 "이상하네. 우리 한 해 위인데… 동기 맞을 텐데…"⑥라고 말했다.

이 글은 분량이 짧은 글인데도 '라고 말했다'라는 표현이 여섯 번이나 들어있다. 글을 쓴 사람이 능숙한 필자는 아니라는 것이 드러난다. 하지만 이렇게 계속 중복되는 표현만 다르게 바꾸어 봐도 글이 달라진다.

따지고 보면 '말하다' 대신 쓸 말도 무수히 많다. 예를 들어 '강조했다, 밝혔다, 언급했다, 설명했다, 덧붙였다, 대꾸했다, 얼버

무렸다, 외쳤다, 울부짖었다, 꾸중했다, 대답했다, 소리쳤다, 부탁했다, 털어놓았다, 선을 그었다' 등등이 있다.

그렇다면 이것을 외워서 써야 할까? 아니다. 평소에 어휘에 관심이 있는 사람이라면 소설을 읽으면서 이런 단어들을 눈여겨봐 두면 좋다. 또 스마트폰을 통해 자유롭게 검색이 가능한 사전을 활용해도 좋다. 사전에서 필요한 낱말을 찾고 화면 아래로 죽 내려가면 유의어와 반의어 항목이 있다. 유의어 항목을 보면서 내가 중복해서 쓰고 있는 단어를 바꾸어 쓸 만만 다른 단어가 있는지를 살펴본다. 그래서 그 단어로 바꾸어 적어 본다. 다음 예를 보자.

우리 시는 그동안 많은 발전을 했습니다. 경제적인 발전과 더불어 주민들의 시민의식도 크게 발전하여 살기 쾌적한 도시를 만들고 있습니다. 아울러 발전된 복지 시설이 시민들이 더욱 편안하게 사실 수 있도록 도와드리고 있습니다. 이렇게 발전해 나가는 우리 시는 여기에서 발전을 그치지 않고 좀 더 노력해서 우리나라 최고의 살기 좋은 도시를 만들어 나가겠습니다.

물론 글을 이렇게까지 쓰는 일은 잘 없다. 그러나 미숙한 필자의 경우 같은 단어가 글에서 반복되는 일이 흔한 것은 사실이다. 이 글을 사전의 유의어 항목을 활용해서 고쳐 보자. '발전'의

유의어로는 발달, 진전, 진보, 융성, 도약, 성장, 성숙 등 여러 가지가 있다.

우리 시에는 그동안 많은 도약과 변화가 있었습니다. 경제적인 발전과 더불어 시민의식도 크게 높아져서 쾌적하고 살기 좋은 도시를 만들고 있습니다. 아울러 수준 높은 복지 시설들을 갖추어 시민들이 더욱 편안하게 사실 수 있도록 도와드리고 있습니다. 이렇게 성장해 나가는 우리 시는 여기에서 만족하지 않고 우리나라 최고의 살기 좋은 도시를 만들어 나가겠습니다.

똑같은 단어만 피해도 문장이 훨씬 살아나고 입체감이 돈다. 같은 단어를 쓰지 않으려면 사전의 유의어 부분을 살펴보고 그 가운데서 가장 이 문맥과 잘 맞는 단어를 선택해서 쓰면 된다. 머릿속으로 단어를 찾아내려면 어렵지만 여러 가지 선택지가 있는 상태에서는 찾아 쓰기가 훨씬 쉽다.

어휘력 원칙

1. 맥락 속에서 단어 익히기

단순한 암기가 아니라 문장 속에서 단어를 접해야 한다. 예를 들어, '그는 유쾌한 사람이다'와 '그는 상쾌한 바람을 맞으며 산책했다'를 비교하면, '유쾌하다'는 사람의 성격과 관련이 있고, '상쾌하다'는 신체적 느낌과 관련이 있음을 쉽게 이해할 수 있다. 거기에 '늘 지던 팀에게 이번에는 이겼다는 소식을 들으니 아주 통쾌했다'라고 한다면 '통쾌하다'는 나의 기분과 관련이 있다는 것을 알 수 있다.

2. 독서와 필사를 병행하기

책을 읽으면서 낯선 단어가 나오면 사전을 찾아보는 습관을 들이는 것이 좋다. 또한 필사를 통해 좋은 문장을 직접 써 보며 단어의 쓰임을 몸에 익힐 수 있다.

3. 유의어와 반의어를 비교해 보기

비슷한 뜻을 가진 단어라도 미묘한 차이가 있다. '뛰어나다'와 '우수하다'는 모두 좋은 의미지만, '뛰어나다'는 비교적 주관적인 감탄에 가깝고, '우수하다'는 객관적 평가의 성격이 강하다. 이러한 차이를 익히면 더 정확한 표현이 가능하다.

4. 일상에서 적극적으로 활용하기

배운 단어를 실제로 사용해야 한다. 새로운 단어를 활용해 SNS에 글을 남기거나, 대화에서 의식적으로 사용해 보면 자연스럽게 익숙해진다. 언어는 사고의 도구이자 세상을 바라보는 창이다. 어휘력이 풍부할수록 우리는 더 정확하고 깊이 있는 생각을 할 수 있으며, 타인과의 소통도 더욱 원활해진다. 단어 하나를 새롭게 익힌다는 것은 새로운 사고의 틀을 얻는 것과 같다. 하루에 한 개씩 새로운 단어를 익히고, 그것을 사용해 보는 연습을 해 보자. 그러면 점차 우리의 세계도 넓어진다.

낡은 시대의 차별어 대신
요즘 시대의 배려를

말은
마음의 향기다.
_공자

한 30년 전까지만 해도 크레파스의 색깔 이름에 '살색'이 있었다. 과거 크레파스나 색연필 세트에 흔히 포함되어 있던 살색은 연한 분홍빛을 띠며 주로 백인의 피부색을 표현한 색이었다. 그러나 시간이 지나면서 사람들이 전 세계에는 다양한 피부색을 가진 사람들이 살고 있다는 점을 인식하게 되었고, 살색이라는 명칭이 백인 중심적이고 차별적이라는 비판을 받기 시작했다.

이에 따라 주요 크레용 제조사들은 1990년대 후반부터 살색이라는 이름을 점차 연주황색이나 연분홍과 같은 중립적인 이름으로 바꾸었다. 미국의 미술용품 제작회사인 크레욜라가 1962년에 '살색(flesh)'을 '복숭아색(peach)'으로 바꾼 사례가 유명하다. 이름을 바꾸면서 크레욜라는 '세계 어떤 인종의 피부색도 표현할 수 있다'라고 광고했다. 광고는 큰 인기를 얻어 크레욜라 매출 향상에 일등공신이 되었다. 한국에서도 2000년대 초반부터 크레파스 회사들이 '살색'이라는 이름 대신 '살구색'으로 교체해서 생산 판매하고 있다. 이것이 대표적인 차별어 및 그 차별어를 정정한 예시다.

차별어란 성별, 연령, 장애, 지역, 인종 등 사람의 정체성을 이유로 편견이나 혐오를 담아 사용하는 언어를 의미한다. 이런 언어는 듣는 이로 하여금 모욕감과 소외감, 자존감 하락 등을 경험하게 하고, 나아가 사회 전반에 편견과 갈등을 확산시킨다. 우리가 일상에서 주고받는 말들 속에는 무심코 상대에게 상처를 주는 차별적인 표현이 숨어 있곤 한다.

대표적인 차별어로는 성차별적 표현이 있다. 흔히 '여직원', '여의사'처럼 직업 앞에 굳이 성별을 붙이는 말들은 남성이 기본이고 여성은 예외인 듯한 느낌을 준다. '김여사', '맘충', '된장녀'와 같은 비하 신조어는 여성에 대한 왜곡된 시선을 담고 있어 쓰지 않아야 한다. 대신 직업명은 성별 구분 없이 쓰고, 성적 이미지나 편견을 없앤 표현을 사용하는 것이 좋다.

또한, 연령차별적 언어도 문제다. '틀딱충', '늙다리' 같은 노인을 비하하는 말이나, '잼민이', '급식충' 같은 청소년 비하 표현은 세대 간 갈등을 심화시킨다. 이런 표현들은 공손하고 중립적인 용어로 바꾸어야 한다.

장애 관련 언어 역시 주의해야 한다. '장님', '귀머거리', '벙어리', '절름발이'와 같은 표현은 장애를 가진 사람을 낮잡아 부르는 말로, 오늘날에는 '시각 장애인', '청각 장애인', '지체 장애인' 등으로 바꿔 말한다. 특히 우리나라 속담에는 장애관련 언어가 많고 장애인을 비하하는 듯한 표현이 있어서 더욱 조심해야 한다. 관용어로 쓰이는 '결정 장애', '벙맛' 같은 표현도 장애에 대한 부정적인 비유를 담고 있어, 단순히 '결정을 잘 못 내림', '황당함' 같은 것으로 대체하는 것이 좋겠다.

그 밖에도 지역감정을 드러내는 말이나 인종·민족을 비하하는 표현도 문제가 된다. '홍어', '깜둥이', '짱깨' 등은 사용하지 말아야 하며, 그 대신 정확하고 중립적인 명칭을 사용하는 것이 좋다. 또한, '노가다', '호모' 등 특정 직업이나 성소수자를 낮춰 부르는 말들도 피해야 한다.

차별어는 단순히 듣는 사람 한 명의 감정을 상하게 하는 데 그치지 않고, 사회에 고정관념과 혐오를 심화시키며 집단 간 갈등과 소외를 조장한다. 특히 이런 혐오 표현은 쌓이고 쌓여 실제 차별 행위나 폭력으로 발전할 수도 있음을 명심해야 한다. 작은 말 한마디의 변화가 상대에게는 큰 존중으로 다가간다는 것을 기억하자.

<현재 많이 쓰이는 차별어와 대체 표현>

차별어	대체 표현	개선 이유
여직원, 여의사, 여경	직원, 의사, 경찰	성별 불필요 강조 대신 직업 중심으로 표현
김여사	운전자, 초보 운전자	운전 실력과 성별 무관
맘충, 된장녀, 김치녀	사용하지 않음	특정 집단 모욕, 여성 비하 표현
틀딱충	어르신, 노년층	노인 비하 대신 존중 표현
늙다리, 노친네	연세가 드신 분, 어르신	나이 비하 대신 존중
잼민이, 급식충	어린이, 청소년, 학생들	아동·청소년 비하 대신 중립 표현
장님, 봉사	시각장애인	장애인 비하 표현 대신 정확한 명칭
귀머거리	청각장애인	위와 동일
벙어리	언어장애인	위와 동일
절름발이	지체장애인	위와 동일
병신 같다	우유부단하다, 황당하다 등	심한 모욕적 표현 제거
결정 장애	결정을 잘 못 내림	장애를 비유적으로 비하하는 표현 제거
벙어리장갑	손모아장갑, 엄지장갑	장애 비하 뜻 제거
유모차	유아차, 아기차	엄마만 지칭하는 뉘앙스 제거
지방, 서울 올라간다	지역, 서울 간다	지역 위계의식 제거
깜둥이, 짱깨	흑인, 중국인 등 공식 명칭	인종 비하 제거
호모, 레즈	성소수자, 동성애자	성소수자 비하 제거

노가다	건설 노동자, 현장 노동자	직업 비하 표현 제거
시골 다녀와	고향 다녀와, 부모님 댁 다녀와	촌스럽다는 뉘앙스 제거
육아휴직	육아돌봄휴직	'쉬고 온다'는 인식 대신 돌봄 중심 표현
미숙아	이른둥이 조산아	서투르고 부족하다는 인식과 가치판단이 들어 있는 용어를 개선
부녀, 부녀자	여성	여성만을 대상으로 혼인여부 구분 등 차별적 요소 제거

제5강

글쓰기는 삶을 대하는 태도다

고수의 전략 5: 철학 녹이기

천재는 99%의 노력과
1%의 영감으로 이루어진다

> 글쓰기는 마라톤과 같다.
> 꾸준히 달려야 결승점에 도달할 수 있다.
> _무라카미 하루키

글쓰기를 잘하는 것은 재능일까, 노력일까? 이 질문은 글쓰기 강의에서 단골로 등장하는 주제다. 특히 우리나라에서는 글쓰기를 재능이나 영감의 영역으로 인식하는 경향이 강하다. 그래서 "나는 글쓰기에 재주가 없어", "영감이 떠오르지 않아"라는 말을 하며 글을 쓰기도 전에 포기하는 경우가 많다.

그러나 결론부터 말하자면, 글쓰기는 재주가 아니다. 글쓰기는 인간이 가진 여러 능력 가운데 하나이며, 누구나 연습과 훈련을 통해 발전시킬 수 있는 기술이다. 글을 잘 쓰는 사람을 보면, 그들의 능력이 타고난 것이며, 우리와는 다른 특별한 무언가를 가지고 있다고 생각하기 쉽다.

하버드대학교의 교수이자 심리학자인 하워드 가드너의 '다중 지능이론(Theory of Multiple Intelligences)'에 따르면, 글쓰기는 단순한 재주가 아니라 인간이 가진 여러 지능 중 하나인 언어 지능의 표현이다. 이 이론은 우리에게 글쓰기를 새롭게 바라보게 한다. 가드너는 인간의 지능에는 언어 지능, 논리-수학 지능, 공간 지능, 음악 지능 등 여러 종류가 있으며, 이 가운데 언어 지능은 말이나 글을 통해 생각을 표현하고 타인과 소통하는 능력을 포함한다고 했다. 글쓰기는 바로 이 언어 지능의 한 형태로, 자신의 생각을 구조화하고, 논리적으로 전달하며, 감정을 표현하는 과정이다.

이러한 관점에서 보면 글쓰기는 특별한 예술적 재주를 가진 소수의 사람들만이 할 수 있는 것이 아니라 모든 사람이 어느 정도 발휘할 수 있는 능력이다. 다만, 각 개인이 가진 언어 지능의 발달 정도나 표현 방식은 다를 수 있다. 예를 들어, 어떤 사람은 문학적인 글쓰기에 강점을 보일 수 있고, 다른 사람은 논리적이고 분석적인 글쓰기를 잘할 수 있다. 이처럼 글쓰기 능력은 각자의 언어 지능이 어떻게 발현되는지에 따라 다양하게 나타날 수 있다.

또한, 글쓰기는 연습과 훈련을 통해 발전할 수 있는 능력이다. 우리가 언어 지능을 발달시키고 글쓰기를 지속적으로 연습한다면 누구나 더 나은 글을 쓸 수 있게 된다. 다만 우리가 손흥민 선수만큼 연습을 한다고 하더라도 모두 같은 축구 실력을 갖기는 어려운 것처럼, 무슨 일이든 재능이 영향을 미치는 것은 틀림없다. 글쓰기도 마찬가지다. 기본적인 글쓰기 능력은 누구나 연습을 통해 향상될 수 있지만, 창의성과 감수성이 중요한 글에서는 재능이 더 큰 영향을 미칠 수 있다. 그렇다고 모든 글쓰기에 재능이 필요한 것은 아니다. 글의 성격에 따라 '재능의 영향이 큰 글'과 '노력으로 개선할 수 있는 글'이 나뉜다.

글쓰기는 보통 문학적 글쓰기와 비문학적(또는 논리적) 글쓰기로 나눈다. 문학적 글쓰기와 비문학적 글쓰기는 서로 다른 역량을 요구하며, 재능이 미치는 영향도 다르게 나타난다. 문학적 글쓰기는 대표적으로 소설, 시, 희곡 등을 들 수 있다. 창조적 능력과 상상력이 중요하고, 감수성, 독창성, 문체 등이 큰 영향을 미친다. 따라서 재능이 중요한 요소가 될 수 있다.

비문학적 글쓰기로는 보고서, 칼럼, 논문, 평론 등을 들 수 있다. 비문학적인 글은 논리적 사고와 명확한 표현이 중요하고 훈련과 연습을 통해 충분히 개선할 수 있기 때문에 노력이 결정적인 요소가 될 가능성이 크다. 여기에 생활글 갈래를 하나 따로 설정하고 싶다.

생활글은 문학적 글쓰기와 비문학적 글쓰기의 경계에 있는 독특한 형태의 글이다. 일상에서 겪은 경험을 바탕으로 쓰이는 생활글은 창작성이 요구되면서도 사실성을 유지해야 하는 특징이 있다. 따라서 문학적 글쓰기처럼 감수성과 표현력이 중요하지만, 비문학적 글쓰기처럼 논리적인 구조와 전달력이 요구되기도 한다. 생활글은 일기, 에세이, 여행기, 자전적 에피소드 등으로 나타나며, 자신의 경험과 감정을 솔직하게 풀어내면서도 독자가 공감할 수 있도록 구성하는 것이 핵심이다.

생활글은 재능과 노력의 균형이 중요한 글쓰기로 생활 속 경험을 글로 표현하는 능력은 타고난 감수성에 따라 차이가 있을 수 있지만, 훈련을 통해 충분히 발전할 수 있다. 또, 문학적 요소와 비문학적 요소를 함께 포함하고 있다. 이야기의 형식을 띠면서도 사실적인 정보와 논리를 갖출 수도 있다. 생활글은 공감과 전달력이 핵심이다. 독자가 쉽게 이해하고 몰입할 수 있도록 진솔한 감정 표현과 일상의 세밀한 관찰이 필요하다.

예를 들어, 같은 주제라도 문학적 글쓰기에서는 감성을 강조하여 아름다운 묘사와 비유를 활용하고, 비문학적 글쓰기는 정보 전달과 분석적인 요소를 중심으로 구성된다. 반면에 생활글은 두 가지 요소를 적절히 조합하여 독자가 쉽게 공감할 수 있도록 풀어 가는 방식이 특징적이다.

그날 저녁, 노을이 지는 하늘 아래에서 친구를 만났다. 약 10년 만의 재회였지만, 우리는 어제 만난 것처럼 자연스럽게 이야기를 나눴다. 친구는 여전히 밝게 웃었고, 나는 그 순간이 오래 기억될 것 같았다.

생활글은 문학적 요소와 비문학적 요소를 적절히 배합하면서 개인의 감정도 솔직하게 전달하는 것이 핵심이다. 누구나 무리 없이 가장 쉽게 접근할 수 있는 글이 생활 글쓰기이고, 개인의 발견을 새롭게 하고 있는 현대에서 개인의 생활글은 숨은 보석 같은 대접을 받기 시작했다.

하지만 문학은 다른 예술과 달리 글자 외에는 해결 방법이 없기에 그만큼 어렵고 치열한 작업이다. 준비되지 않은 상태에서 집필을 서두르면 실패할 가능성이 크다. 그렇다면 글 쓰는 사람은 어떻게 신이 내려오게 할까? 창작자는 신이 앉을 자리를 만들어야 한다. 이를 위해 마음을 비우고 글쓰기에 임할 때 평정을 유지하는 것이 중요하다.

작가들은 글을 쓰는 어려움을 이야기하며 글쓰기가 단순한 영감이 아니라 지속적인 노력의 결과임을 강조한다. 작가들도 그러한 '노력' 끝에 글을 완성해 낸다. 그러나 이것으로 '글을 쓰려면 반드시 문필가처럼 되어야 한다'라는 부담감을 가질 필요는 없다. 자기 통제와 마음의 평정은 글쓰기에 도움이 되는 정도라고 생각하자. 결국 중요한 것은 신의 도래를 기다리는 것이 아니라, 일상에서 마음을 다잡고 경험을 관찰하며 글을 써 내려가는 일이다. 생활글의 가치는 여기에서 비롯된다.

내 삶을 구체적으로 바라보는 것

글쓰기는 특별한 사람들만의 전유물이 아니다. 그러므로 글을 쓰려는 모든 사람이 전문 작가처럼 엄청난 준비를 해야 하는 것은 아니다. 전문작가가 되고자 하는 사람이 아니라면, 글쓰기의 본질은 단순하다. 내 삶을 구체적으로 바라보는 것, 놓치지 않고 글감으로 붙잡을 수 있는 준비, 이를 통해 내가 무엇을 배우고 느꼈는지 정리하는 과정 정도의 준비면 충분하다.

생활 글쓰기에서 무엇보다 중요한 것은 구체화다. 추상적인 감상이 아니라, 실제로 겪은 구체적인 경험을 바탕으로 서술해야 한다. '나는 행복했다'라고 느낌을 직설적으로 쓰기보다는 '오랜만에 친구를 만나 따뜻한 차를 마시며 긴 이야기를 나누었다. 그 순간 나는 오랜 우정을 다시 확인하는 기쁨을 느꼈다'처럼 구체적인 상황과 감정을 묘사하는 것이 중요하다.

구체적인 상황과 감정을 묘사하려면 '자동적 행동(automatic behavior)'에서 벗어나는 것이 중요하다. 자동적 행동이란 어떤 특정 행동을 무의식적으로 또는 습관적으로 수행한 뒤 그 행동을 기억하지 못하거나 명확히 인식하지 못하는 상태를 말한다. 집안을 청소할 때 방금 작은 방을 청소하고 나왔으면서도 '작은 방을 청소기로 밀었던가?' 하고 갸우뚱하는 경우가 바로 그 예다. 일종의 뇌의 자동 조종 현상인데, 일상에서 반복되는 일을 하거나 의식적으로 주의를 기울이지 않은 채 행동할 때 발생한다. 우리의 뇌가 그 행동을 너무 익숙하게 수행한 나머지, 주의가 다른 곳으로 분산되는 것이다.

우리의 삶은 언제 어느 때든 최초의 순간을 통과한다. 늘 같은 순간은 없다. 지금 맞닥뜨리는 이 순간이 최초의 순간이고, 그 최초의 순간들의 연속이 우리 삶이다. 하지만 너무 익숙한 나머지 내가 처한 상황이나 행동 같은 것들이 큰 의미 없이 지나가게 된다. 그러니 글로 쓰려면 쓸 게 없게 된다. 정현종 시인의 말처럼 '모든 순간이 다 꽃봉오리인 것'을 느끼게 되면 모든 순간이 다 귀한 글감으로 다가온다.

내 삶의 한 조각을 글로 적는 일은 재능이 크게 좌우되지 않는다. 살아가는 데 필요한 글, 살아가면서 느낀 것을 적은 글은 누구나 잘 쓸 수 있다. 어느 정도 관심과 노력으로도 뜻하는 곳까지 나아갈 수 있다는 걸 기억하자.

처음부터 완벽하길
기대하지 마라

> 양은 그 자체로
> 하나의 질이 된다.
>
> _레온 트로츠키

데카르트는 "우리가 최초로 발견할 수 있는 것은 기예에 의해 획득되었다기보다는 우리 정신에 내재해 있는 것으로 보이는 간단한 규칙들이기 때문에, (중략) 오히려 우리는 진리 탐구에 더 긴급히 요구되는 것을 아주 열심히 찾는 일에 이 규칙들을 활용해야 한다"라고 말하며, 진리 탐구(공부)를 위해 사전 준비의 중요성을 강조했다.

스피노자는 "금속을 연마하기 위해서는 모루가 필요한데, 모루를 갖기 위해서는 또 다른 모루 및 다른 도구들이 필요하고, 다시 이것들을 갖기 위해서 다른 도구들이 필요한 일이 무한히 진행된다"라고 하며 끝없이 도구만 찾는 태도를 비판했다. 그는 우선 앞에 있는 작은 도구로 사과나무라도 심으라고 충고했다.

글쓰기도 다르지 않다. 완벽한 도구나 조건을 갖추려 하기보다는 지금 내가 가진 것으로 할 수 있는 만큼 글을 쓰는 일이 중요하다. 글쓰기 공부를 하는 어떤 사이트에 '당장 내일이 수능이라도 나는 한 개의 똥글을 싸지르겠다'라는 글이 올라온 적이 있다. 농담처럼 들리는 말일지라도 이 말이 정답이다. 자기가 보고 느낀 것을 일단 글로 쓰는 것이 중요하다. 자기가 느낀 것으로 한 문장을 만들고, 이 문장의 내용을 연결하고 확장시켜 문단을 만들고, 문단과 문단을 펼쳐 하나의 글로 완성해야 한다. 좀 더 나은 문장, 좀 더 멋진 문장을 쓰기 위해 이런저런 철학자의 글을 들여다보고, 그의 것을 다시 살펴서 내 글 안에 넣다 보면 날은 저물고 만다. 아무리 초라해도 자기 능력에서 출발해야 하는 이유다.

박사 논문을 쓸 때의 일이다. 논문을 써 놓고 나면 너무 시시해서 다시 시작하고, 다시 써 놓고 나니 이번에는 초라해서 다시 시작하고…. 이런 행동을 무한히 반복했다. 그러다 보니 어느샌가 시간은 다 지나가 버렸고, 논문은 몇 줄 쓰지도 못한 채 세월만 보낸 셈이 되었다. 열심히 한다고 했지만 내 글에 대한 나의 기대치와 눈높이가 너무 높았다. 이 정도는 나와 줘야 한다는 환영에 시달렸던 것이다. 그렇게 시간을 헛되이 쓴 뒤에야 기준을 내려놓고 쓰기 시작했다. '내가 할 수 있는 것은 여기까지야'

하면서 말이다.

 글을 쓰기 전에는 내 글이 얼마나 좋은지, 표현이 적절한지 판단하기 어렵다. 그래서 글을 잘 쓰기 위해서는 먼저 많이 써 보는 과정이 필수적이다. 글쓰기는 대개 양이 질을 결정하는 과정을 거치며, 반복적으로 글을 쓰면서 서서히 개선된다. 꾸준히 많은 글을 써 보아야만 글과 친해질 수 있고, 글쓰기에 대한 두려움도 점차 사라진다.

누적의 힘

 한때 팔이 아파서 제대로 들 수가 없었던 때가 있었다. 운동치료를 받으며 선생님이 가르쳐 주는 대로 폼롤러에 누워 팔 돌리기를 했다. 처음에는 아파서 신음 소리가 저절로 나왔는데, 조금씩 꾸준히 하다 보니 기존에 올리지 못했던 각도까지 팔을 올릴 수 있었다. 이제는 팔을 완전히 자유롭게 쓸 수 있다.

 어떤 사물이나 현상에서 양적으로 계속 쌓이는 변화가 있을 때 처음에는 그 변화가 질적으로 큰 차이를 만들지 않는다. 그러나 어떤 양적 변화가 일정한 한계에 도달하면, 즉 임계점에 도달하게 되면 그 순간 질적 변화가 발생한다. 이것이 유명한 헤겔의 '양질 전환의 법칙(law of the transformation of quantity into quality)'이다. 글쓰기도 마찬가지다. 글을 잘 쓰려면 많이 써 봐야 한다.

글쓰기는 기술이기도 하지만 동시에 습관이기도 하다. 자주 글을 쓰다 보면 자신의 글쓰기 패턴을 파악하게 되고, 어떤 표현이 효과적인지, 어떤 구조가 글을 더 명확하게 만드는지 감각적으로 알게 된다. 초기에는 매번 완벽한 글을 쓰려는 부담감에 시달릴 수 있지만, 경험을 쌓으며 점차 그런 부담에서 자유로워진다. 이를 통해 글쓰기는 자연스럽게 일상이 되고, 글쓰기 자신감도 함께 자라난다.

글을 잘 쓰기 위해서는 일단 시작하면 된다. 처음에는 부족하다고 느껴질 수 있지만, 꾸준히 써 나가는 과정에서 자신의 글이 점점 나아지는 신나는 경험을 하게 된다.

나를 주저앉히는
7가지 이유들

> 그렇게
> 하나씩 하나씩 쓰면 돼.
> _앤 라모트

앤 라모트는 에세이 《쓰기의 감각》에서 초고 작성의 어려움과 그 과정에서 누구나 겪는 시행착오를 솔직하게 고백하고 있다. 글 쓰는 것은 직업으로 삼는 사람들도 글쓰기가 어렵다고 한다.

글쓰기 과정이 때때로 어렵게 느껴진다고 하더라도 이는 매우 자연스러운 현상이다. 나만 그런 것이 아니다. 다음에는 사람들이 글쓰기를 하면서 일반적으로 겪는 문제들을 살펴보고, 자신의 글쓰기 과정을 보다 면밀히 이해하고 분석할 수 있는 방법들을 소개하겠다.

1. 좀처럼 시작하지 못한다

많은 사람이 글을 쓰고 싶은 마음은 있으나 첫 문장을 어떻게 열어야 할지 몰라 망설인다. 예를 들어 카페에서 친구에게 일기를 쓰려다 '오늘 날씨가 어땠더라…' 하며 머뭇거리는 경우가 그러하다.

이처럼 시작이 어려워 머릿속의 생각을 종이에 옮기는 데 부담을 느낀다면 우선 머릿속에 떠오르는 단어들만 나열해 놓는 것도 방법이다. 이 방법은 글의 완성도를 우선하기보다는 생각의 흐름을 방해받지 않고 기록하는 데 의미를 둔다.

좀 더 나아가, 한 단락 쓰기 정도를 목표치로 세우고 글을 써 본다. 단락 한 개나 100자 정도의 짧은 문장부터 쓰기 시작함으로써 조금씩 글의 양을 늘려 나간다. 시작이 어려운 상황에서도 천천히 확장하면 자연스럽게 글쓰기를 이어 갈 수 있다.

2. 시작만 하고 초고를 완성하지 못한다

첫 문장을 쓴 뒤 글의 전개가 이어지지 않아 초고가 중간에 끊겨 버리는 경우다. 글을 너무 잘 쓰려고 할 때 생기는 현상일 수도 있다. 이럴 때는 완벽한 문장이나 논리적 전개에 집착하지 말고, 일단 모든 생각을 자유롭게 기록하는 데 집중해 본다. 우선 써 보는 것이다. 초고가 완성되지 않은 부분에 대해선 일종의 '문단 스케치'를 미리 구성해 보는 것도 좋다. 글 전체의 개요나 구성안을 사전에 작성하여, 각 부분에 어떤 내용이 들어가야 하는지를 스스로에게 미리 명시함으로써 글의 전개가 중단되는 문제를 예방할 수 있다.

3. 첫 부분은 쉽게 풀리지만 이내 생각이 고갈된다

글을 시작하면서는 열정이 넘치지만, 중간에 접어들면 아이디어가 고갈되어 정체에 빠지는 경우가 있다. 예를 들어, 여행 후기를 쓰기 시작할 때는 생생한 기억이 쏟아지지만, 어느 순간부터는 그 생생함이 사라져 어디서부터 이어나가야 할지 모르는 경험이 그러하다. 이럴 때는 잠시 휴식을 취하거나 다른 관련 자료를 참고하는 것이 도움이 될 수 있다.

또한, 글을 관념(생각)으로 쓰려고 할 때 이런 일이 생긴다. '친구'라는 주제로 글을 쓸 때 '친구와 있었던 일'을 중심으로 자세히 써 본다는 마음으로 글을 풀어 나가면 쓰기 쉽고 양도 충분하게 생성된다. 예를 들어 친구와 아이스크림을 먹다가 떨어뜨려서 지나가는 사람 옷을 버리게 되었는데, 친구가 대신 사과를 하고 물티슈도 사다 주었던 일을 쓰면 쓰기가 쉽다.

그러나 친구에 대한 개념, 관념, 생각으로 글을 쓰려고 하면 '친구는 소중하다. 인생의 길을 걸어가는 데 꼭 필요한 존재이다'와 같이 써 놓고 더 이상 진행되지 않는 경우가 많다. 그러니 내가 시작만 하고 글을 완성하지 못한다면 글을 관념으로 쓰고 있지는 않는지 살펴보라. 관념으로만 글을 쓰려면 일정 부분 이상의 분량을 생산하기 어렵다. 대부분 다 그렇다.

4. 두세 쪽 이상은 절대로 쓰지 못한다

글을 길게 쓰려고 하면 첫 한두 쪽에서 멈춰 버린다고 호소하는 경우가 많다. 예를 들어, 일기나 수필을 작성할 때 처음 몇 문단은 자유롭게 이어지다가 어느 순간 "더 이상 쓸 말이 없다"라며 펜이 멈추게 되는 것이다.

이럴 때는 처음부터 긴 글을 쓰려는 부담을 내려놓는 것이 중요하다. 글의 구조를 미리 구상해 보거나, 작은 단락 단위로 목표를 세워서 단계적으로 글을 이어가는 방법이 도움이 된다. 예를 들어 한 주제에 대해 세 가지 작은 사건으로 나눠 쓰거나, 한 사건을 여러 감각(시각, 청각, 촉각 등)으로 나눠 풀어내는 식으로 접근해 보자. 이렇게 하면 글이 자연스럽게 이어지고, 한두 쪽에 갇히지 않는다.

결국 긴 글을 완성하는 힘은 처음부터 거창한 목표를 세우는 데 있지 않다. 작고 단순한 부분부터 차근차근 연결하고 확장해 나가는 것이야말로 긴 글쓰기의 비결이다.

5. 종종 멋진 생각이 떠올라도 이내 기억나지 않는다

때로는 영감이 번뜩여 중요한 아이디어가 생각났다고 느끼지만, 그 순간을 기록하지 않으면 나중에는 잊히는 경우가 많다.

나 역시 이런 경험이 있다. 어느 날 산책 중에 갑자기 멋진 소설의 줄거리가 떠올랐다. 한번 글로 써 보면 좋겠다는 생각이 들어 뿌듯했는데, 집에 돌아와 보니 이미 생각이 희미해져 있었다. 아무런 메모도 남기지 않아서 후회스러웠다. 이런 상황에서는 휴대폰이나 작은 노트에 항상 간단히 메모하는 습관을 들이면 글쓰기에 도움을 받을 수 있다.

6. 나는 내 글이 마음에 들지만, 평가가 좋지 않다

글을 작성할 때 자기만족과 독자 평가 사이에는 차이가 있음을 인정할 필요가 있다. 글을 쓰는 목적은 자기감정 표현을 넘어서, 독자와의 효과적인 소통에 있다. 이것이 글쓰기의 또 다른 목표 지점이다. 스스로 만족하는 글이어도 독자들이 부정적인 평가를 내놓는다면 전달 방식이나 구조가 지나치게 복잡하지 않은지 살펴볼 필요가 있다. 문장이 엉켜있지는 않은지, 하고자 하는 말이 또렷이 드러나는지 꼼꼼히 점검해 보자.

글이 개인적인 만족을 추구하는 데에 치우쳐 있다면 읽는 사람들이 기대하는 정보 전달이나 논리적 전개가 부족할 수 있다. 글쓰기의 목적을 명확히 하고, 독자가 기대하는 바를 반영하는 방향으로 내용과 표현 방식을 조율하는 것이 중요하다.

7. 내 글이 잘 쓴 것인지 아닌지 판단하기 어렵다

자신의 글을 여러 번 읽으면서도 문장 구성이나 내용 전개에 계속 만족하지 못하는 경험은 글쓴이라면 누구나 한다. 나 역시 내가 쓴 글을 읽으며 "이 글이 과연 독자에게 설득력을 줄 수 있을까?"라는 의문에 사로잡힌 적이 많다. 하지만 이런 불확실성은 글쓰기 과정에서 흔히 겪는 자연스러운 감정이다. 중요한 것은 이러한 의문에 주저앉지 않고, 자기 글을 차분히 다듬고 고쳐 나가려는 의지다.

글쓰기는 결국 자신과의 대화이고 반복을 통해 나아가는 길이다. 불확실한 순간에도 멈추지 않고, 다시 글을 읽고 써 보는 과정 속에서 우리는 조금씩 더 나은 글을 만들어 나간다. 완벽하지 않아도 된다. 멈추지 않고 계속 쓰는 힘은 아주 크다.

"모든 초고는 쓰레기다"

누구나 초보였다.
_한 운전자의 말

대학에서 강의를 하면서 학생들에게 '화장실의 하루'라는 주제로 글을 써 오라는 과제를 냈다. 학생들이 웅성웅성했지만, 모른 척하고 각자 소신껏 써 오라고 했다. 이후에 제출된 과제를 보니 글의 내용은 다양했다. 화장실이 급해서 애먹은 일을 적어 온 학생도 있지만, 대부분 화장실에서 일어나는 일들을 나열하듯 써 왔다. 아침에 일어나 화장실 가기, 양치하기, 샤워하기 등을 상황 설정 없이 일상에서 사용하는 모습 그대로 서술한 것이다.

이런 글들에 구조가 따로 있을 리 없다. 단순한 일상만 묘사하고 있으니 이를 통해서 무슨 말을 하려고 했는지 알 수 없고, 무언가를 표현해 보고자 하는 노력조차 엿보이지 않았다. 어떤 글은 쓰고 나서 고칠 시간도 없었는지 초고 그대로 제출한 것도 많았다. 초고를 제출했으니 자기 문장이 어디가 어색한지 따져 볼 새가 없었고, 내용이 어긋나는 곳은 없는지 살펴볼 새도 없었을 것이다.

그런데 딱 한 명의 글쓰기 방법이 달랐다. 그 학생은 먼저 주제를 좀 더 구체화시켰다. '화장실 생활의 하루'를 '대학교 화장실의 하루'로 좁혔고, 이것을 다시 '대학교 화장실의 하루를 통해 본 캠퍼스 생활의 단면'으로 더욱 좁혔다. 그러니 할 말이 또렷해졌다.

그런 다음 이 글을 어떤 식으로 정리할까를 고민했다. 처음에는 아침 시간의 붐비는 화장실 묘사하면서 시작하고(처음), 이어서 점심시간 전후의 화장실 풍경과 학생들의 스트레스 해소 방법(본론 1)을 묘사했다. 오후 회의 시간대의 화장실을 통한 학교 생활의 단면(본론 2)을 보여 준 뒤 화장실에서 보이는 학생들의 희로애락(본론 3)을 끝으로, 화장실이라는 공간을 통해 본 대학생들의 고민(결론)으로 구성하고 글을 썼다.

대학 화장실을 통해 본 캠퍼스 생활의 단면

아침 8시 30분, 서울의 한 대학 캠퍼스. 첫 수업을 앞둔 학생들이 기숙사와 도서관에서 쏟아져 나와 화장실로 몰려든다. 초조하게 시계를 보는 학생부터 화장실 앞에서 강의 노트를 읽는 학생까지! 이곳은 그야말로 대학생의 아침 전쟁터다. "아, 어제 벼락치기 하느라 커피를 너무 많이 마셨나…." 한 학생의 한탄이 들린다. 그 순간, 옆 칸에서 들리는 시원한 물소리에 모두의 시선이 집중된다.

점심시간 후, 화장실은 또 다른 모습으로 변한다. 마치 휴게실처럼 변한다. 한 칸에서는 킥킥거리며 카톡을 하는 소리가, 다른 칸에서는 한숨 소리가 들린다. "아, 진짜 교수님 과제 때문에 돌겠네." 손을 씻던 학생이 옆의 친구에게 하소연한다. 화장실은 이제 단순한 생리 현상 해결의 장소를 넘어, 대학생의 스트레스 해소 공간으로 진화한 것 같다. (중략) 이처럼 대학 화장실은 단순한 생리현상 해결 공간을 넘어, 현대 대학 사회의 축소판이 되었다.

학업 스트레스, 조별 과제의 부담, 다양성과 포용, 그리고 끊임없는 자기계발 등 우리 대학 사회의 모든 단면이 이곳에 응축되어 있다.

이 학생들의 글쓰기 방법은 린다 플라워가 《글쓰기의 문제해결전략》에서 말하는 미숙한 필자와 능숙한 필자의 특징에 딱 들어맞는다. 미숙한 필자들은 대개 '계획하기 단계'에 시간을 거의 할애하지 않는다. 글감을 찾고 자료를 수집하고 글의 개요를 짜고 하는 단계에 시간을 쏟기보다는, 그저 막연히 어떤 좋은 생각이 떠오르길 기다리면서 더 이상 미룰 수 없는 시점(과제나 원고 마감일)이 될 때까지 마냥 기다린다. 어떤 노력도 해 보지 않고

"어, 나 글 써야 하는데." 하는 고민만 하는 것이다. 글쓰기 초보자들의 모습이다.

글쓰기 방법에는 크게 쏟아놓기와 구축하기가 있다. 쏟아놓기는 머리에 떠오르는 대로 일단 종이에 쏟아놓는 것을 말한다. 초등학생들과 글쓰기에 막 입문한 사람들에게는 권장할 만한 방법이긴 하다. 그러나 거기에 머무르면 미숙한 필자의 꼬리표를 떼기는 어렵다.

구축하기는 능숙한 필자들의 글쓰기 방법으로, 적어도 자기가 쓸 글의 구조를 한 번쯤은 생각하고 접근하는 방법을 말한다. 그러나 미숙한 필자들은 글을 쓰기 시작하면서도 '자기 생각'에만 몰두해 있어서 글의 구조 같은 것은 생각할 여유가 없다. 내가 이 글을 통해 누구에게 무슨 말을 하려고 하는지 맥락을 살펴보지도 못한 채 자기중심적인 생각을 쏟아 낼 뿐이다.

미숙한 필자들은 한 번에 일필휘지로 글이 완성될 것이라 기대한다. 또 수집된 자료 없이 자신의 기억이나 생각으로만 글을 쓰기 때문에 기억이 끊기면 글도 끊긴다. 글이 나아가지 못하고 중지된 간격을 메우지 못해서 절절매는 경우도 많다. 앉은 그 자리에서 떠오르는 생각을 중심으로 분량 채우기 전략이나 짜깁기 전략에 의지해 글을 완성한다. 항상 시간에 쫓겨서 글쓰기를 시작하기 때문에 꼼꼼히 고쳐 쓰는 경우가 거의 없으며 대개 초고가 그대로 제출본이 된다.

그러나 능숙한 필자들은 다르게 접근한다. 앞에서 예문으로 나온 〈대학 화장실을 통해 본 캠퍼스 생활의 단면〉의 필자는 능숙한 필자들이 사용하는 방법으로 글을 썼다. 능숙한 필자는 글쓰기를 단순한 기록이 아니라 목표지향적인 사고 과정으로 간주한다. 글을 쓰기 전부터 핵심 주제를 설정하고, 방향이 정해지면 충분한 시간을 들여 계획하는 데 집중한다. 글쓰기의 성공 여부는 초기에 얼마나 치밀하게 구상하느냐에 달려 있음을 알기에, 이 과정에 많은 노력을 기울인다.

특히 능숙한 필자들은 자료를 찾는 데 인색하지 않다. 자신의 기억이나 직관에만 의존하기보다는 주제와 관련된 자료를 폭넓게 수집하고 분석하는 데 힘쓴다. 전략적으로 자료를 찾아 읽으며, 이를 바탕으로 틈틈이 메모를 남긴다. 이 과정을 통해 머릿속에 막연하게 자리 잡고 있던 사고를 보다 구체화하고, 논리적으로 정리해 나간다.

또한 능숙한 필자들은 초고를 완벽한 글로 여기지 않는다. 초고는 어디까지나 초고일 뿐이며, 글을 다듬는 과정이 반드시 필요하다는 것을 안다. 따라서 첫 문장을 어떻게 시작할까를 지나치게 고민하기보다는, 자신이 정말 전하고 싶은 이야기와 꼭 다루어야 할 내용을 중심으로 초고를 빠르게 작성한다. 이때, 미리 구성한 개요와 메모를 참고하여 글이 산만하게 흐르지 않도록 방향을 잡아 나간다.

무엇보다, 능숙한 필자들은 고쳐쓰기 단계를 가장 중요하게 여긴다. 단순한 띄어쓰기나 맞춤법을 수정하는 정도에서 그치는 것이 아니라 적절한 어휘 사용, 문장의 정확성, 단락별 논리 전개, 글의 통일성과 일관성까지 종합적으로 검토하며 여러 차례 수정한다. 이를 통해 글의 완성도를 높이고, 독자에게 보다 명확히고 설득력 있는 메시지를 전달할 수 있도록 다듬는다.

결국 능숙한 필자들에게 글쓰기는 단순한 아이디어 나열이 아니다. 그들은 목표지향적인 사고와 체계적인 계획, 그리고 지속적인 수정 과정을 통해 글을 독자와 효과적으로 소통하는 예술로 발전시킨다. 철저한 자료 수집, 면밀한 메모, 끊임없는 고쳐쓰기는 글의 논리적 전개와 통일성을 보장하는 핵심 전략이 된다.

한 초보 운전자가 창 뒷유리에 '누구나 초보였다'라고 써 붙인 것을 보았다. 맞는 말이다. 누구나 초보에서 시작한다. 초보를 벗어나는 길은 운전을 많이 해 보는 방법밖에 없다. 글쓰기도 운전과 마찬가지다. 때로 고통스럽고 험난한 여정이 될 수 있으나, 끊임없는 연습과 개선을 통해 한층 성숙한 필자로 거듭날 수 있다.

내 삶은 충분히
기록으로 남길 만하다

한 사람이 온다는 건, 실은 어마어마한 일이다.
그는 한 사람의 일생이 오기 때문이다.
_정현종

　퓰리처상 수상자인 소설가 알렉스 헤일리는 "모든 죽음은 도서관이 불타는 것과 같다"라고 말했다. 인간에게는 각자 그 사람만의 고유한 인생 이야기가 담겨 있다. 한 사람의 삶은 단순한 시간의 흐름이 아니라, 수많은 경험과 만남, 그리고 다양한 사건들로 구성된 복합적인 이야기다. 이 이야기는 그 사람의 정체성과 경험을 반영하며, 다른 누구와도 같을 수 없는 독특한 서사를 이룬다.

　각 개인이 겪은 모든 일들, 만난 사람들, 그로부터 배운 것들이 도서관에 꽂힌 각기 다른 책들로 상징될 수 있다. 이러한 책들에는 기쁨, 슬픔, 사랑, 갈등, 성취, 실패 등 다양한 감정과 사건들이 담겨 있다. 이 모든 책이 모여 하나의 도서관을 이루고, 그 도서관은 오직 그 사람만의 독특한 지혜와 기억을 보존하고 있다.

그가 죽는다면 이 특별한 도서관은 더 이상 존재할 수 없다. 마치 도서관이 불타서 그 안의 모든 책과 지식이 소멸하는 것과 같다. 한 사람의 죽음은 그 사람만의 고유한 경험과 기억, 그리고 그를 통해 얻어진 모든 통찰이 사라지는 것을 의미한다. 이로 인해 그 사람이 남긴 이야기는 더 이상 이어질 수 없고, 그 사람이 간직한 지혜와 통찰은 영원히 사라지게 된다.

글쓰기는 개인의 존재를 세상에 남기는 것이다

모든 사람은 자신만의 독특한 이야기가 있다. 한 사람이 겪은 경험, 특정한 음식이나 장소에 대한 기억, 감정과 생각은 그 사람만의 유일한 것이다. 그러므로 이야기를 기록한다는 것은 도서관이 사라지는 것을 막는 일이며, 한 개인의 존재를 세상에 남기는 방식이다.

예를 들어, 나는 홍어회에 대한 특별한 경험이 있다. 전라도 친구들의 소개로 홍어회를 처음 맛보았을 때 나는 지옥이 따로 없다고 생각했다. 대단히 역한 박하향(?)이 비강을 흔들어 놓은 듯했고, 톡 쏘는 맛은 사람이 먹을 음식이 아닌 것 같았다. "어떻게 이런 음식을 먹느냐?"라고 불평을 해댔다. 그런데 웬걸? 먹어 볼수록 그 묘한 맛에 빠져들게 되었다. 그래서 지금은 홍어회를 찾아다니면서 먹는다. 이 경험은 음식에 대한 취향이 변한 것만이 아니라 사람의 인식이 바뀌는 과정, 낯선 것을 받아들이는 경험의 한 형태로도 볼 수 있다.

이처럼 우리가 가진 경험은 단순히 개인적인 사건에 그치지 않고 더 깊은 의미와 이야기를 담는다. 당신이 급한 일로 응급실에 갔을 때 마주쳤던 사람들의 얼굴을 당신 말고 누가 정확히 묘사할 수 있을까? 이러한 기억과 경험들은 기록하지 않으면 사라져 버린다. 그렇기 때문에 우리는 자신의 경험을 글로 남겨야 한다. 이는 단순한 기록이 아니라, 세상과 나누는 이야기이자 우리의 삶을 의미 있게 만드는 과정이다.

나만의 경험에서 모두의 공감으로

글을 처음 쓸 때는 자신의 체험의 순간을 붙잡아 쓰는 것이면 충분하다. 자신의 경험은 생생하고 진솔하기 때문에 독자에게도 쉽게 공감과 감동을 줄 수 있다. 하지만 글을 쓰는 과정에서 자신의 이야기를 세상의 이야기와 연결하는 능력을 키우는 것은 더욱 깊이 있고, 넓은 시야를 가진 글을 쓰는 데 중요하다.

자신의 이야기를 쓰다 보면 많은 것을 깨달을 수 있다. 가족 가운데 누군가를 흡연으로 인한 폐암으로 잃었다면 흡연 금지 제도에 관한 글을 쓸 수 있을 것이고, 아이를 키우는 엄마의 어려움을 말하면서는 저출산 현상과 연결지어 생각해 볼 수도 있다. 그런 이야기들을 적으면 된다. 지금 당신을 있게 한 역사를 쓰면 된다.

그러면서 차츰 자신의 경험을 보편적인 주제로 확장해 본다. 예를 들어 슬픈 일을 겪었던 경험을 글로 쓸 때, 처음에는 그 슬픔을 어떻게 느꼈고 극복했는지에 집중해서 적어 본다. 하지만 여기서 한 걸음 더 나아가 이러한 슬픔이 인간이라면 누구나 겪을 수 있는 보편적인 감정임을 인식하고, 이를 바탕으로 사회적, 문화적 맥락에서 슬픔이 어떻게 다뤄지는지 생각해 본다. 또는 다른 사람들이 이 감정을 어떻게 극복하는지에 대해 탐구한다면, 글의 깊이와 의미가 훨씬 더 풍부해질 것이다.

특히 겪은 일의 서사가 잡담이나 수다의 수준에서 벗어나려면 개인적인 이야기를 사회적 문제와 연결해서 생각해 보는 것이 좋다. 만약 자신의 삶에서 겪은 경제적 어려움을 이야기하고자 한다면 그 경험을 통해 경제 불황, 사회 불평등, 또는 빈곤 문제와 같은 사회적 이슈와 연결해 볼 수 있겠다.

내 직업은 글쓰기와 인문학을 중심으로 강의를 하는 강의자다. 전국의 여러 기관 단체들과 일을 하고 있다. 대체로 그쪽의 초빙으로 강의가 이루어지는 일이 많다. 한 번은 어느 기관의 담당자가 전화를 해 와서 "선생님, 죄송하지만 선생님처럼 강의를 하시는 좀 다른 강사를 소개해 주실 수 있으세요? 윗분들이 몇 년 생 이하를 초빙하라고 하셔서요. 그런데 못 찾겠어요." 그러니까 나 말고 다른 젊은 강사를 나에게 소개해 달라는 말이었다. 순간 기분이 팍 상했다. 그리고 속으로 '그런 강사가 어디 있나? 한번 찾아 봐라. 없을 거다.' 하는 마음이 생겼다. 하지만 담당자의 미안함이 가득 담긴 목소리가 곧 나를 진정시켰다. 기계 너머로도 어려워하는 모습이 다 느껴졌다.

그 일을 겪으면서 순간 고령화 사회와 나이 든 사람들의 자리를 생각하게 되었다. 마구 물러서라고 할 수는 없지만 새로운 사람들로 교체해 주어야 하는 것이 역사의 순리인가 하는 생각이 떠올랐다. 이렇듯 개인의 어려움을 나의 이야기로 끝내지 말고 더 큰 사회적 맥락에서 어떤 의미를 가지는지 탐구하면, 읽는 이는 단순한 개인의 경험을 넘어서 사회적 문제로 인식을 넓히게 된다.

또한 다문화 가정에서 자란 사람이 자신의 개인적인 경험을 서술할 때 이 땅에 와서 어떤 어려움을 겪었는지 그 과정만을 이야기하는 것에 그치지 않고, 다른 나라에서 온 사람들이 겪는 문화적 충격이나 차별, 소외감을 함께 다룬다면 독자가 더 깊이 공감하고 이해할 수 있다. 어린 시절의 특정 경험을 이야기할 때도 그 시기의 역사적, 문화적 배경을 함께 설명한다면 독자들은 그 경험이 단순한 개인적인 사건이 아니라 그 시대를 살아간 많은 이가 겪은 공통된 이야기임을 깨닫게 된다.

개인적인 이야기를 통해 보편적인 경험을 다룰 때, 글은 단순한 경험담을 넘어 다른 사람들에게도 깊은 감동과 공감을 불러일으킬 수 있다. 자신의 이야기를 쓰면서 보편적인 인류애나 공동의 선과 같은 주제를 만나게 되면 우리의 영혼은 성장하게 된다. 글도 영혼의 성장과 함께 발전한다. 가끔 "어떻게 하면 글을 잘 쓸 수 있을까요?" 하는 질문을 받을 때가 있다. 그럴 때마다 "어떻게 하면 글을 남과 다르게 쓸 수 있을까요?" 하는 것으로 바꾸어 생각해 보면 좋겠다고 답한다.

봄이 오면 산과 들에 온갖 꽃들이 피어난다. 그 꽃을 보고 대부분은 감탄하며 그 꽃의 아름다움을 쓰고 싶어 한다. 그러나 꽃의 아름다움은 역사 이전부터 무수히 많은 사람이(수많은 문장가 포함) 적어 왔다. 또, 꽃이 아름답다는 것은 내가 말하지 않아도 모두가 이미 다 알고 있다. 그래서 사람들은 '꽃이 하늘로 떠간다'라는 식으로 새롭게 적으려고 노력을 하고 있다. 남다르게 보는 눈이 필요하다는 것이다. 특히 시인들은 "임이 떠난 그리움에 내 목은 그만 사슴이 되었다"라는 식으로 자기만의 꽃을 그린다.

이렇게 남과 다르게 쓰려면 남과 다르게 볼 줄 알아야 한다. 쉽지도 않지만 어렵지도 않은 일이다. 어떤 갈래가 되었든 '글쓰기가 좋은 말로 매끈한 문장을 만드는 일이 아니라는 것'만 깨달으면 된다. 그래서 남다른 자리에서 남다른 시각이 나온다. 내가 겪는 내 경험의 자리는 나만 겪은 자리가 된다. 여기서부터 출발하면 된다.

이 세상에 똑같은 사람은 한 명도 없다. 일란성 쌍둥이라도 다른 부분이 있기 마련이다. 생김새도 그렇지만 생각이 각기 다른 것은 성장한 환경과 그동안의 체험이 각기 다르기 때문이다. 삶의 과정에서 생성된 이런 독특한 체험들을 우리가 쓰려고 하는 대상에 투영하면 그것만으로도 이미 자신만의 글, 남과 다른 글쓰기가 가능해진다. 자신이 어떤 체험을 했는지를 잘 파악해서 자기가 쓰고자 하는 글에 투영시키면 된다. 다시 말하지만 세상에 똑같은 사람은 없다.

글쓰기는 독자와의 대화다. 독자를 흥미롭게 이끌어야 한다. 단순히 정보를 나열하거나 사실을 전달하는 데 그치지 않고 독자에게 의미 있는 경험을 전해야 한다. 글에는 적어도 인식적 가치, 정서적 가치, 미학적 가치 중 하나는 담겨야 한다.

인식적 가치를 담으려면 독자에게 새로운 관점이나 생각할 거리를 제시해야 한다. 이는 독자의 지적 호기심을 자극하고, 기존의 편견이나 고정관념을 흔들어 더 넓고 깊은 사고를 하도록 이끈다. 예를 들어, 잘못 알려진 상식을 바로잡거나 복잡한 주제를 명확히 풀어 설명하는 글은 큰 인식적 가치를 지닌다.

정서적 가치는 독자와의 감정적 공감을 통해 이루어진다. 정보 전달을 넘어 독자가 글에 몰입하고 자신의 경험과 연결될 수 있도록 하는 것이 중요하다. 이를 위해 글은 단순한 서술을 넘어 감정을 자극하는 요소를 담아야 하며, 문체, 표현 방식, 주제 선택에 따라 그 효과가 달라질 수 있다.

마지막으로 미학적 가치는 글 자체가 예술적 감상을 불러일으킬 수 있는지를 의미한다. 문장 구조의 아름다움, 표현의 섬세함, 글의 흐름과 조화 등이 미학적 가치를 형성한다. 이런 글은 독자에게 의미 전달을 넘어, 읽는 행위 자체에서 미적 즐거움을 선사한다.

이러한 가치들이 조화를 이루어 글에 담길 때, 글은 단순한 정보 전달을 넘어 독자의 내면에 깊이 남아 사고와 삶에 지속적인 영향을 미친다. 글을 통해 독자에게 의미 있는 경험을 제공하는 것은 작가의 책임이자 목표다.

박찬석 전 경북대 총장의 일화는 부모님의 사랑이 얼마나 복잡하고 깊은지를 잘 보여 준다. 공부를 못한 자신을 대구로 유학 보내 준 아버지, 부끄러운 성적표를 1등으로 위조해도 아무 말 없이 잔치를 벌여 준 아버지, 그 사건이 계기가 되어 공부에 매진해 대학 총장이 되었다는 이야기다. 나중에 진실을 고백하려 했지만 아버지는 이미 알고 있었다는 말을 남겼다고 한다. 부모는 침묵과 행동으로 사랑을 전하고, 자식은 나이를 먹어도 그 마음을 온전히 이해하지 못한다. 이런 이야기는 부모의 사랑과 희생을 다시 생각하게 한다.

또한, 신영복의 《감옥으로부터의 사색》에 나오는 〈여름 징역살이〉는 인간관계의 또 다른 면을 보여 준다. 감옥의 여름 무더위 속에서 옆 사람을 그저 열 덩어리로 느끼며 자신도 모르게 부당한 증오를 키우는 이야기다. 좁은 공간에서 가장 가까운 사람을 미워하고 미움받는 경험은 감옥만의 일이 아니라 일상에서도 반복되는 인간관계의 진실을 말해 준다. 이 글은 인간 본성의 어두운 면을 통찰하며, 글의 주제와 철학적 메시지를 깊이 있게 전한다.

이처럼 글을 쓰는 사람은 부모와 자식, 인간관계, 감정의 복잡함과 깊이를 모두 담아낼 수 있어야 한다. 그래야 독자가 단순히 정보를 받아들이는 데 그치지 않고 마음에 울림을 느끼며 자신의 삶을 돌아보게 된다. 이것이 글의 힘이며, 작가의 진정한 역할이다.

부모의 사랑과 이해, 감옥에서의 체험을 통한 부당한 증오 등 개인의 경험을 사회적 의미로 확장할 때 글은 더 깊은 울림을 지닌다. 그러므로 우리는 글을 쓸 때 단순히 감정을 나열하는 것이 아니라, 경험이 담고 있는 의미를 고민해야 한다. 감정과 욕망을 가라앉히고 생각을 붙들어 언어로 표현할 때, 글쓰기는 자기 세계를 넘어 다른 세계와 깊이 교감하는 순간을 만들어 낸다. 이렇게 빚어낸 생각들을 서두르지 않고 차분하게, 감정에 휘둘리지 않고 단정하게 풀어낸 글이야말로 글쓰기가 지향해야 할 방향이다.

나가며

오늘 못 쓰더라도,
내일 다시 펜을 들자

우리는 모두 자신만의 소리를 지닌 존재다.
그 소리를 세상에 전하지 않는다면,
세상은 당신의 음악을 영영 듣지 못할 것이다.
_마야 안젤루

    글쓰기는 완벽을 추구하는 일이 아니라, 멈추지 않고 이어가는 일이다. 우리는 종종 멋진 글을 쓰고 싶어서, 또는 마음에 드는 문장이 나오지 않아서 노트북을 덮고 주저앉을 때가 있다. 그러나 결국 글을 오래 이어가는 사람은 잘 써서가 아니라 멈추지 않은 사람이다. 계속하는 것, 꾸준히 하는 것이 중요하다.

    처음부터 긴 글을 쓰지 않아도 괜찮다. 한 문장, 한 단어를 쌓아 올리다 보면, 당신의 글은 어느새 당신의 삶을 담아내기 시작할 것이다. 하루 한 줄이라도, 짧은 메모 한 조각이라도, 그걸 모으고 모으다 보면 어느새 나만의 이야기가 되고 글이 될 것이다. 그리고 그 글은 다시 나를 돌아보게 하고, 삶을 더 깊이 살아가게 해 준다.

혹시 오늘 한 줄도 쓰지 못했는가? 그렇더라도 괜찮다. 내일 다시 펜을 들고, 오늘 못 다한 이야기를 한 줄 써 보는 것부터 하면 된다. 반복과 이어짐 속에서, 차츰 우리는 초보를 벗어나고 결국 '나만의 목소리'를 찾게 될 것이다. 그러니 멈추지 말고 이어가자. 지금 이 순간에도 당신의 이야기에 힘을 얻는 누군가를 위한 글쓰기에, 또 나를 위한 글쓰기에 이 책이 의미 있는 도움이 되었기를 바란다.

참고문헌

강철원, 《아기 판다 푸바오》, 시공주니어
게오르크 루카치, 김경식 역, 《소설의 이론》, 문예출판사
곽수범, 《튼튼한 글쓰기 공부》, 행성B
국어생활연구원, 《시가 나에게 왔습니다》, 양철북
그레고리 베이트슨, 박지동 역, 《정신과 자연》, 까치
김난도, 《천 번을 흔들려야 어른이 된다》, 오우아
김상현, 《당신은 결국 무엇이든 해내는 사람》, 필름
김성우·엄기호, 《유튜브는 책을 집어삼킬 것인가》, 따비
김정운, 《남자의 물건》, 21세기북스
김중혁, 《뭐라도 되겠지》, 마음산책
김형수, 《삶은 어떻게 예술이 되는가》, 아시아
나탈리 골드버그, 권진욱 역, 《뼛속까지 내려가서 써라》, 한문화
도정일 외, 《글쓰기 최소원칙》, 룩스문디
로버타 진 브라이언트, 승영조 역, 《누구나 글을 잘 쓸 수 있다》, 예담
룰루 밀러, 정지인 역, 《물고기는 존재하지 않는다》, 곰출판
린다 플라워, 원진숙·황정현 역, 《글쓰기의 문제해결전략》, 동문선
메리 파이퍼, 김정희 역, 《나의 글로 세상을 1밀리미터라도 바꿀 수 있다면》, 티라미수 더북
미하일 바흐찐, 김희숙·박종소, 《말의 미학》, 길
바바라 오코너, 신선해 역, 《개를 훔치는 완벽한 방법》, 놀
박완서, 《나목》, 민음사
박주용, 《생각은 어떻게 글이 되는가》, 쌤앤파커스
빅터 프랭클, 이시형 역, 《죽음의 수용소에서》, 청아출판사
맹성현, 《AGI 시대와 인간의 미래》, 헤이북스
샘 스워프, 이덕열 역, 《네 생각대로 마음껏 써라》, 예원미디어
알랭 드 보통, 최민우 역, 《뉴스의 시대》, 문학동네
앤 라모트, 최재경 역, 《쓰기의 감각》, 웅진지식하우스
앤 핸들리, 김효정 역, 《마음을 빼앗는 글쓰기 전략》, 코리아닷컴
양선규, 《글쓰기 인문학 10강》, 소소담담
얀 루프-오헤른, 최재인 역, 《나는 일본군 성노예였다》, 삼천리
은유, 《글쓰기의 최전선》, 메멘토
이가령, 《이가령 선생님의 싱싱글쓰기》, 지식프레임
이기주, 《언어의 온도》, 말글터
이병률, 《바람이 분다 당신이 좋다》, 달
이적, 《이적의 단어들》, 김영사
임경선, 《나 자신으로 살아가기》, 마음산책
조지 오웰, 이한중 역, 《나는 왜 쓰는가》, 한겨레출판
존 맥피, 유나영 역, 《네 번째 원고》, 글항아리
헤르만 헤세, 임홍배 역, 《나르치스와 골드문트》, 민음사
헨리 나우웬, 최원준 역, 《상처 입은 치유자》, 두란노
홍승우, 《비빔툰》, 트로이목마

30년 글쓰기 전문가가 알려 주는 글센스를 높이는 비법
고수의 글쓰기

ⓒ 이가령 2025

인쇄일 2025년 7월 29일
발행일 2025년 8월 5일

지은이 이가령
펴낸이 유경민 노종한
책임편집 김세민
기획편집 유노책주 김세민 **유노북스** 이현정 조혜진 권혜지 정현석 **유노라이프** 구혜진
기획마케팅 1팀 우현권 이상운 **2팀** 이선영 최예은 전예원 김민선
디자인 남다희 홍진기 허정수
기획관리 차은영
펴낸곳 유노콘텐츠그룹 주식회사
법인등록번호 110111-8138128
주소 서울시 마포구 동교로17안길 51, 유노빌딩 3~5층
전화 02-323-7763 **팩스** 02-323-7764 **이메일** info@uknowbooks.com

ISBN 979-11-7183-125-8 (03800)

- ㅡ 책값은 책 뒤표지에 있습니다.
- ㅡ 잘못된 책은 구입한 곳에서 환불 또는 교환하실 수 있습니다.
- ㅡ 유노북스, 유노라이프, 유노책주는 유노콘텐츠그룹의 출판 브랜드입니다.